지구 생명체
탄생의 기원과 비밀

진화가 뭐예요?

글 앤 루니 / 그림 냇 휴스
감수 이동탁, 윤태정
옮긴이 정미진

빅북

정미진

한국외국어대학교에서 컴퓨터공학과 영어학을 전공하였으며, 우리나라 대기업에서 수년간 휴대폰 기획자로 일하다가 좋은 외국의 도서를 국내에 소개하는 일에 매료되어 번역을 시작하게 되었다. 현재 바른번역 소속 전문 번역가로 활동 중이다.
역서로는 〈더 히스토리 오브 더 퓨처〉, 〈원 디바이스〉, 〈DINOSAURS: A SPOTTER'S GUIDE〉(출간예정), 〈VOLUME CONTROL〉(출간예정) 등이 있다.

지구 생명체 탄생의 기원과 비밀
진화가 뭐예요?

2021년 1월 20일 초판 1쇄 인쇄
2021년 1월 25일 초판 1쇄 발행

글 앤 루니
그림 냇 휴스
감수 이동탁, 윤태정
옮긴이 정미진
편집기획 이원도
디자인 이창욱
교정 이혜림, 이준표
제작 서동욱
발행처 빅북
발행인 윤국진
주소 서울 양천구 목동 중앙북로 38 롯데캐슬위너 107동 1504호
등록번호 제 2016-000028호
이메일 bigbook123@hanmail.net
전화 02) 2644-0454
전자팩스 0502) 644-3937
ISBN 979-11-90520-02-7 73490

The Story Of Life: Evolution Is Amazing!
By Anne Rooney
Copyright © Arcturus Holdings Limited
Www.arcturuspublishing.com
All Rights Reserved.
Korean Translation Copyright © 2020 By Bigbook

이 책의 한국어판 저작권은 PubHub 에이전시를 통한 저작권자와의 독점 계약으로 도서출판 빅북에 있습니다.
저작권법에 의해 한국 내에서 보호를 받는 저작물이므로 무단 전재와 무단 복제를 금합니다.

머리말

진화와 멸종의 놀라운 비밀을 탐험해보세요

지구의 오랜 역사와 동물의 진화 과정을 저절로 이해할 수 있는 그림책이에요.

인간의 유전자 구조가 상추와 가장 닮았다는 점,

인간이 원숭이에서 유래되었다는 점,

새가 공룡에서 진화했다는 점 등의 비밀을

모두 알 수 있답니다.

믿어지지 않을 만큼 놀라운 진화 과학의 세계는 정말 신비롭기만 하죠!

과연, 우리가 알고 있는 생명체들은

어디에서 왔을까요?

일러두기

이 책은 지구상에 존재하는 생물(동물, 식물, 미생물) 가운데 동물의 진화과정을 다룬 거예요. 지구탄생과 더불어 시작된 생명체의 탄생과 그 진화의 비밀은 현대 과학자들에 의해 한 가지씩 한 가지씩 벗겨지기 시작했어요.

진화에 관한 모든 것들은 전문용어가 포함되어 있으므로 다소 어렵습니다. 따라서 부모와 선생님의 학습지도가 조금 필요하답니다. 이 책은 아이들에게 '생각의 집'을 넓혀주고 '창의성'을 키워줄 것입니다.

앞으로 출간예정인 <우주가 뭐예요?>는 우주탄생의 기원과 비밀을 해결하여 줄 겁니다.

차례

생명의 유래   6
생명체의 출현   10
육지로의 진출   28
공룡과 그 친구들   46
현대의 시작   64
인류의 시대   82
진화에 관한 모든 것   100
진화 연대표   118
용어 설명   126
색인   128

생명의 유래

지구에는 생명체들로 가득 차 있어요. 땅 위에도, 물속에도, 공기 중에도, 심지어 얼음 속에도 있지요. 세상에는 수백만 종류의 식물과 동물, 균류, 미생물이 살아요. 이들은 모두 어디에서 왔을까요? 〈진화가 뭐예요?〉는 진화에 관한 이야기에요. 이 책은 지구상의 자연환경에 적절하게 적응하고 변화하는 다양한 생물에 관한 이야기를 들려줍니다.

생명에 관한 궁금증

수천 년 동안 사람들은 다양한 생명체에 관심을 가져왔어요. 과학이 등장하기 전, 우리는 이야기와 신화를 통해 생명이 어떻게 시작되었는지를 설명하곤 했지요.

기독교, 유대교, 이슬람교를 믿는 사람들은 신이 이 세상을 창조하고 식물과 동물로 채웠다고 믿어요. 하지만 다른 방식으로 생명의 다양성을 설명하는 사람들도 있지요. 콜로라도의 우트족에게는 매니토라는 초자연적 존재에 관한 신화가 있어요. 매니토는 하늘에 구멍을 뚫고 비와 눈, 흙과 돌을 쏟아 산과 평야를 만든 다음, 나무와 식물을 만들었어요. 그리고 지팡이를 쪼개어 물고기와 동물을 만들고, 나뭇잎으로 새를 만들었지요. 동물들이 싸우기 시작하자, 매니토는 회색곰을 만들어 질서를 유지하도록 했어요.

매니토

이처럼 예로부터 내려오는 이야기 속의 생물들은 모습이 변하지 않아요. 이들은 처음부터 지금과 거의 같은 모습이었지요. 어떤 이야기 속에는 동물들이 어떻게 오늘날의 특징을 갖게 되었는지 설명하기도 해요. 나미비아의 고산족은 얼룩말의 줄무늬와 개코원숭이의 벗겨진 엉덩이를 다음과 같이 설명하지요. 개코원숭이가 얼룩말에게 웅덩이에서 물을 못 마시게 하자, 이 둘은 싸움을 했어요. 얼룩말이 개코원숭이를 너무 세게 걷어차는 바람에, 개코원숭이는 얼룩말의 털을 긁으며 공중을 날아 바위 바닥에 '쿵'하고 내려앉았어요. 지친 얼룩말은 비틀거리며 집으로 돌아왔지만, 상처 때문에 몸이 화끈거려 하얀 털에 있던 줄무늬가 모두 타버렸지요.

줄무늬가 사라진 얼룩말

개코원숭이

진짜 이유

개코원숭이의 벗겨진 엉덩이는 신경이 없는 단단한 피부 조직으로 되어있어서 천연 쿠션 역할을 해요. 그래서 개코원숭이는 바위나 돌이 많은 바닥에도 다치지 않고 앉을 수 있어요. 그런데 왜 얼룩말한테 줄무늬가 있는지는 아직 아무도 모른답니다.

과학적인 접근 방식

과학은 신화 이야기와 접근 방식이 달라요. 과학은 세상을 있는 그대로 보고 논리적으로 설명하려 노력하지요. 과학은 그러한 설명이 정말인지 확인하기 위해 시험을 해요. 현대 과학이 가장 중요하게 설명하는 것 중 하나는 진화예요. 진화는 생물이 어떻게, 왜 지금의 모습이 되었는지 알려주고, 초자연적 이유에 의존하지 않고 세상의 생명을 설명해주지요.

지구에서 살아남기

세상의 모든 생명은 수십 억 년 전 가장 단순하고 가장 작은 유기체(생물)에서 시작되었어요. 거기에서부터 시작된 진화 덕분에 우리 주위에는 놀랍도록 다양한 생물(과거 한때 존재했다 사라진 훨씬 더 많은 생물 포함)이 있을 수 있게 되었지요.

북극곰은 15만 년 전 불곰에서 진화했어요.

적응하지 못하면 도태돼요!

진화는 적응하는 과정이에요. 그래서 생물은 늘 자신들이 사는 환경에 잘 적응되어 있어요. 환경에 적응하지 못한 생물은 대개 죽고 말아요. 먹이나 집, 짝을 잘 찾는 생물은 살아남을 가능성이 더 크지요.

만약 불곰이 눈 덮인 지역으로 가면, 불곰은 하얀 눈과 대비되어 확실히 눈에 잘 띌 거예요. 그에 반해 백곰은 들키지 않고 쉽게 먹잇감에 접근할 수 있지요. 분명히 백곰이 좀 더 쉽게 성공할 거예요. 만약 여러 마리의 불곰이 눈 덮인 지역으로 간다면, 좀 더 옅은 갈색을 띤 불곰이 진한 갈색을 띤 불곰보다 먹잇감을 더 잘 잡을 거예요. 그러면 옅은 색의 불곰이 더 많은 먹이를 먹고 더 건강해지겠지요. 덩치가 커지고 건강해지면, 짝에게 좀 더 매력적으로 보일 거예요. 옅은 색 불곰들은 함께 옅은 색의 새끼를 낳고, 가장 옅은 색의 새끼가 가장 많은 먹이를 잡을 거예요. 결국, 성공하는 곰들은 모두 백곰이 될 테지요. 백곰은 이런 식으로 불곰에서 진화했을 거예요.

환경이 변화하면 생물은 이에 적응해야 해요. 예를 들면, 기후가 변화하거나 생물을 죽게 만드는 질병이 생길 수 있지요. 만약 생물이 이러한 어려움에 적응하지 못하면, 그 종은 멸종되고 말 거예요.

부모와 아이

모든 생물은 부모로부터 그 특성을 물려받아요. 여러분도 아마 갈색 눈이나 곱슬머리를 물려받았을 거예요. 그런 특성은 우리 몸에 일종의 암호인 유전자로 저장돼요. 유전자는 DNA라 부르는 화학 물질의 아주 작은 조각들이지요. 유전자는 아주 명확한 방식으로 어떻게 성장하고 어떻게 행동할지를 우리 몸에 알려줘요. 우리는 생물학적 부모에게서 유전자를 절반씩 물려받았으므로 양쪽의 특성이 섞여 있는 셈이지요. 어떠한 특성이 어떤 생물을 환경에 더 잘 적응하게 한다면, 그러한 특성을 가진 자손(아이)은 생존해서 번식할 가능성이 크기 때문에, 그 특성은 더욱 흔히 나타나게 되지요.

변화할 시간!

부모에게서 아이로 유전자가 복제되는 중에 실수가 생기면 새로운 특성이 나타나기도 해요. 우리는 이것을 돌연변이라고 부르는데, 이는 유전자가 마구 뒤섞여 원래 지녀야 할 특성을 잃어버리는 거예요. 대부분의 돌연변이는 생물에게 좋지 않지만, 별다른 차이가 없을 때도 있어요. 이를테면, 우리는 갈색 눈만큼이나 보라색 눈으로도 잘 살 수 있지요. 때로 돌연변이는 더 나은 상태로 나타나기도 해요. 이러한 변이는 후손에게 전해지면서 마침내 평범한 특징이 되어 그 생물의 본래 모습을 바꿀 수도 있지요.

생명체의 출현

처음에 지구는 생명체가 없는 바윗덩어리일 뿐이었어요. 지구는 46억 년 전 태양 주위를 자욱하게 떠돌던 먼지와 가스로 만들어졌지요.
30만 년 동안 지구의 표면은 화산 폭발과 소행성 충돌로 인해 부서지고 녹아내린 상태였어요. 그러다 마침내 지구는 물로 채워진 바다가 있는 동그란 바윗덩어리로 그 모습을 갖추게 되었지요. 물이 존재하는 따스한 이 행성에서 생명체는 대략 40억 년 전에 생겨난 것으로 추정돼요.
지구의 생명체가 어디에서 어떻게 생성됐는지, 혹은 한 번만에 생겨났는지 여러 번에 걸쳐 생겨났는지 정확히 아는 사람은 아무도 없답니다. 생명체가 시작된 곳은 안개가 잔뜩 낀 뜨거운 암반 지역의 따뜻한 웅덩이였을 수도 있고, 분출구에서 미네랄과 가스가 풍부한 뜨거운 물이 뿜어져 나오는 깊은 바다 속이었을 수도 있지요.

생명체를 만드는 방법

살아 있지 않은 화학 물질에서 처음에 어떻게 단순 생명체가 만들어졌는지는 현대 과학의 최대 수수께끼 중 하나예요. 어찌 됐든, 단순 화학 물질은 자신을 복제할 수 있는 복잡한 화학 물질을 만들게 되었지요. 그런 다음 이들은 자신의 안쪽과 바깥세상을 분리할 수 있는 일종의 저장소가 필요하게 되었어요.

안쪽과 바깥쪽

물질을 구성하는 가장 작은 입자는 원자와 분자예요. 지방산이라는 어떤 화학 물질은 한쪽 끝은 물에 끌리는 분자들로, 한쪽 끝은 물에 튕겨 나가는 분자들로 이루어져 있어요. 물속에서 이러한 분자들은 물을 싫어하는 부분은 가운데에, 물을 좋아하는 부분은 바깥쪽에 모이지요. 공 모양의 이 작은 분자들(미셀)이 충돌하면, 이들은 결합해서 소포라는 더 큰 덩어리를 만들 수 있어요. 덩어리는 두 겹의 분자로 되어있고, 가운데에 공간이 있어요. 이 공간은 물이나 다른 화학 물질을 담을 수 있고 나머지 다른 환경과도 분리될 수 있지요. 바로 이 소포가 최초의 세포가 되었는데, 세포는 아주 작은 독립된 단위로, 생명체를 이루는 기본 구성요소랍니다. 모든 생명체는 적어도 세포를 하나 이상 갖고 있지만, 세포가 하나뿐인 생명체도 많아요.

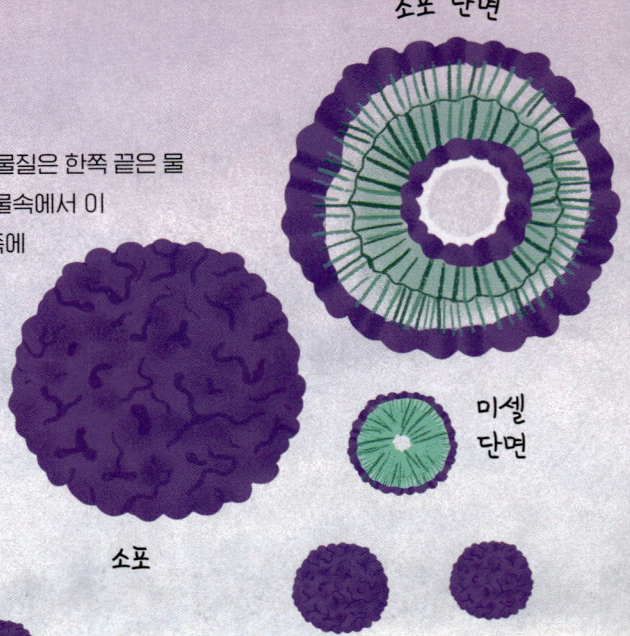

소포 단면

소포

미셀 단면

미셀

깊은 바닷속 분출구

뜨거운 물

암반

지루한 10억 년

최초의 생명체가 탄생했지만, 이들은 아주 단조로운 삶을 살았어요. 에너지를 얻기 위해 화학 물질을 먹고 번식도 할 수 있었지만, 다른 일은 별로 하지 않았지요. 이 최초의 생명체를 우리는 고세균이라고 불러요. 고세균은 지금도 이 세상에 존재하는데, 다양한 종류의 고세균이 깊은 바다 속 엄청나게 뜨거운 분출구 부근에서부터 진흙, 소의 내장, 흰개미에 이르기까지 어디에서나 살고 있지요.

고대 생물

우리는 지구에서 가장 오래된 암석에 남겨진 초기 고세균의 화학적 '자취(흔적)'를 통해 생명이 최소 38억 년 전에는 시작되었다는 것을 알 수 있어요. 현대의 고세균을 살펴보면 과거에 이들이 어떤 모습이었을지 짐작할 수 있지요. 고세균은 길이가 사람 머리카락 너비의 10분의 1도 안 될 만큼 아주 작아요. 많은 고세균이 몹시 뜨거운 환경에서 살며 화학 물질을 '섭취하고' 메탄(난방과 요리에 사용되는 가스)을 만들어내지요. 초기 지구의 환경은 이들이 살기에 아주 적합했을 거예요.

고세균에는 세포막(세포 안쪽의 화학 물질과 바깥쪽 사이에 있는 얇은 벽)과 세포벽(고세균의 형태 유지를 돕는 더 단단한 벽)이 있어요. 세포 안에는 세포질이라 불리는 끈적한 액체가 있는데, 이곳에서 고세균의 모든 화학적 활동이 이루어지지요.

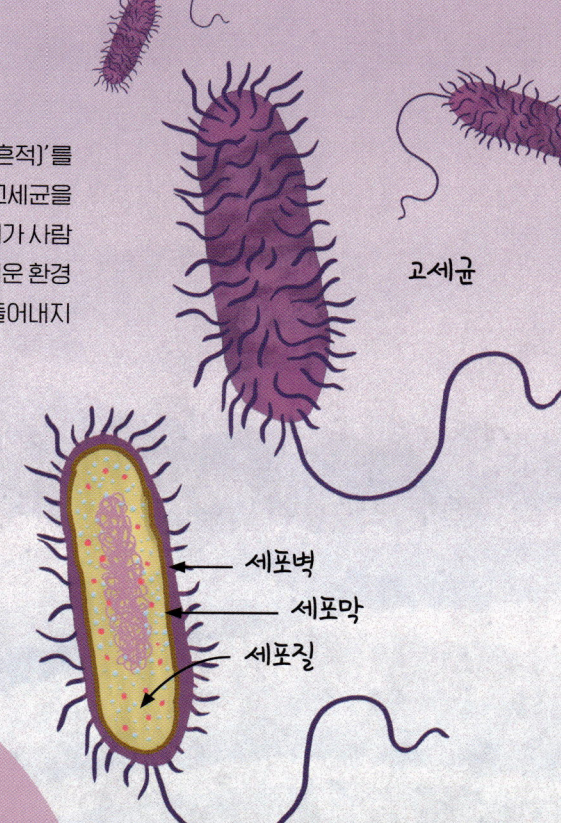

고세균

세포벽
세포막
세포질

★ 지구별 적응 이야기 ★
극한성 생물

극한성 생물은 극도로 살기 어려운 환경에서 살 수 있는 생명체를 말해요. 지구상에 출현한 최초의 생물과 마찬가지로 극한성 생물은 엄청난 열과 독한 화학 물질, 때로는 지독한 추위나 방사선도 견뎌낼 수 있지요. 몸길이가 0.5mm 정도로 아주 작은 완보동물은 진공 상태와 극한의 추위, 매우 건조한 환경에서도 살아남았어요. 폼페이 벌레는 매우 뜨겁고 유황이 가득한 물이 뿜어져 나오는 바닷속 분출구에서 엄청난 압력을 받으며 살지요.

완보동물

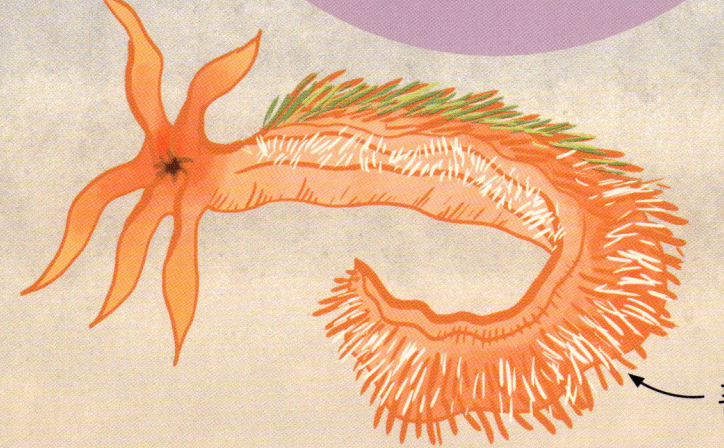

폼페이 벌레

산소에 중독된 생물들

고세균이 가장 초기의 미생물이긴 하지만, 뒤를 이어 다른 미생물들도 나왔어요. 화석을 처음 남긴 것은 박테리아였지요. 그중 중요한 박테리아가 시아노박테리아라는 것인데, 이 박테리아는 최소 35억 년 전에 출현해 지금도 우리 주위에서 살고 있답니다. 이들은 서로 모여서 미생물 매트(미생물로 이루어진 층)를 형성하는 단순 박테리아예요. 시아노박테리아는 흥미롭게 들리지 않을 수도 있지만, 전에 다른 유기체는 하지 않았던 어떤 일을 해내면서 지구 역사의 행로를 바꿔놓았지요.

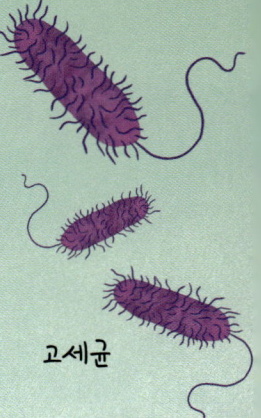
고세균

빛을 이용한 식사

시아노박테리아는 빛에너지를 이용해 화학 물질로 양분을 만들어요. 이산화탄소와 물을 흡수하고 이를 이용해 일종의 당과 산소를 만들지요. 이것은 오늘날 모든 녹색 식물이 하는 광합성이라는 과정이랍니다. 이러한 방법으로 시아노박테리아는 다른 박테리아보다 무려 16배나 많은 에너지를 만들어낼 수 있었어요. 이들의 성공은 폭발적이었지만, 그 밖의 모든 생명체에게 이는 재앙과도 같았지요.

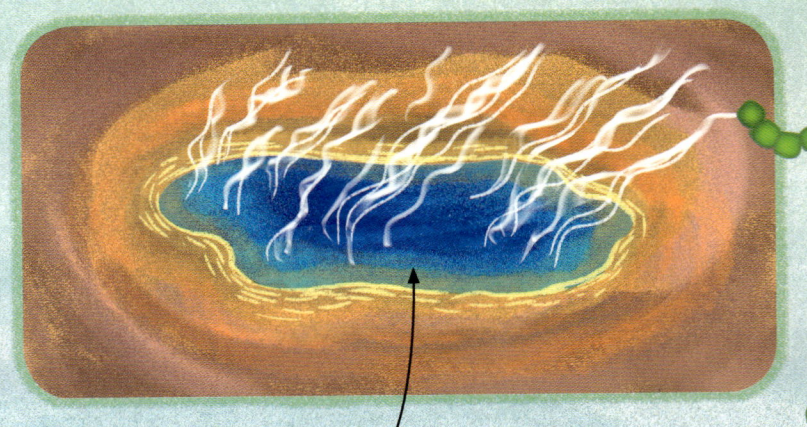

미생물은 물을 여러 가지 다른 색조로 바꿀 수 있어요.

진화론적 증거

침전물이나 모래가 시아노박테리아의 매트 위로 떨어짐에 따라 빛을 차단하는 단단한 층이 형성되었어요. 시아노박테리아는 맨 위층에서 자랐고, 그리고 그 층은 차례차례 덮이게 되었지요. 시간이 흐르면서 스트로마톨라이트라는 콜리플라워 모양의 커다란 덩어리가 자라났어요. 스트로마톨라이트는 지금도 얕은 바닷속에서 찾아볼 수 있답니다.

스트로마톨라이트
(지구상 모든 생명체의 원조격인 유기체, 고대 박테리아 군락)

너무 많은 산소

시아노박테리아는 너무 많은 산소를 만들어내서 산소는 전 세계의 모든 바다를 합쳐도 바닷속에서 다 용해될 수 없었어요. 산소는 대기 중으로 빠져나가 현재 우리가 누리는, 그리고 대부분의 다른 생물이 의존하는 산소가 풍부한 대기가 만들어지게 되었지요. 산소는 대기 중에 있는 메탄과 반응을 일으켰어요. 메탄은 강력한 온실가스로, 지구 주위에 열을 가둬 두게 되었지요. 메탄이 사라지면서 지구 주위의 열이 우주로 빠져나갔고, 지구는 전보다 훨씬 추워졌어요. 약 22억 년 전, 지구는 사방이 온통 겨울이었어요. 지구는 최소 십만 년 동안은 극에서 극까지 전부 얼음으로 뒤덮인 거대한 눈덩이 같았지요.

식물이여, 영원하라!

모든 녹색 식물은 지금도 광합성을 해요. 동물은 식물을 먹고, 또 어떤 동물은 식물을 먹는 동물을 잡아먹기 때문에, 식물은 현재 지구상의 거의 모든 생명체를 먹여 살리는 셈이지요.

시아노박테리아

시아노박테리아가 죽으면서 물이 붉게 변했어요.

미생물은 산소 없는 따스한 지구에 익숙했기 때문에 이들에게 변화는 곧 재앙과도 같았어요. 산소는 해로웠고, 온도도 너무 낮아서, 이들은 결국 죽고 말았지요. 이 재앙을 우리는 대산소 발생 사건이라고 불러요. 이를 뒷받침하는 증거가 23억 년 전의 암석에서 발견되었는데, 우리는 이 암석에서 너무 많은 산소 때문에 바위의 철이 녹슬게 된 흔적인 붉은색 줄무늬(산화철)를 볼 수 있답니다.

대멸종

아주 작은 시아노박테리아가 대산소 발생 사건을 일으키면서, 다른 생물은 대부분 죽게 되었어요. 이후 대부분의 생물 종이 사라진 때가 네 차례 더 있었는데, 우리는 이를 **대멸종 사건**이라 불러요. 어떤 멸종은 기후 변화 때문에, 또 어떤 멸종은 화산 활동이나 소행성 충돌과 같은 재난 때문에 발생하기도 했지요.

서로 협력하는 세포

약 20억 년 전 빙하가 녹으면서부터 새로운 생물이 나타나 죽은 생물이 남긴 빈자리를 메우기 시작했어요. 이들의 세포는 여전히 하나뿐이었지만, 이것은 종류가 또 다른 세포였던 셈이지요.

새로운 세포

새로운 세포에는 유전 물질이 모여 있는 핵이 있었어요. 새로운 세포는 다른 세포를 흡수하는 한 가지 종류의 단순한 세포로 되어있었지요. 그래도 흡수된 세포들은 죽지 않고 다른 세포 안에서 전에 하던 일을 계속했어요! 이들은 자신보다 더 큰 세포의 일부가 되었는데, 우리는 이 일부를 세포 기관(소기관)이라고 불러요. 흡수된 시아노박테리아는 햇빛을 이용해 당을 만들었고, 다른 박테리아는 이와 반대로 산소를 이용해 당을 분해함으로써 에너지를 방출했지요. 원핵세포는 오늘날에도 여전히 식물과 동물 세포 안에 존재한답니다. 진핵세포라는 이 새로운 세포는 모든 식물과 동물, 균류의 조상이에요. 이 변화는 전체 진화 과정에서 가장 중요한 단계 중 하나이지요.

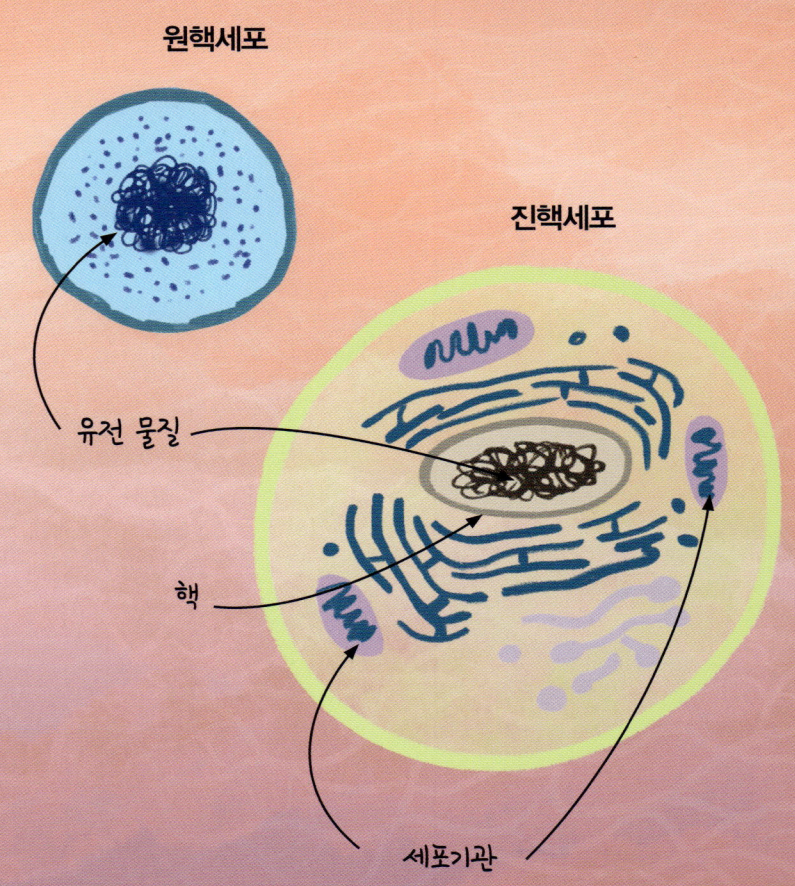

내부 공생(한 세포가 다른 세포를 흡수하는 과정)

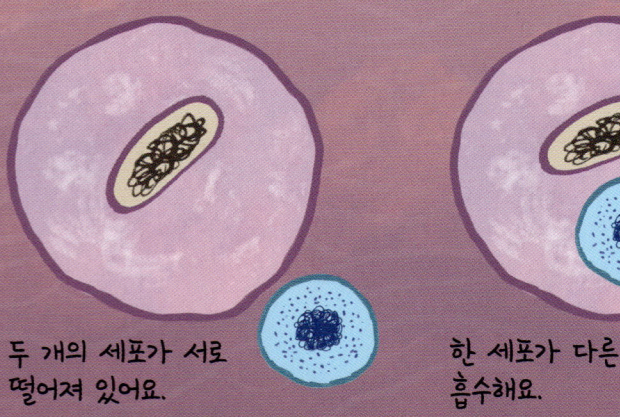

두 개의 세포가 서로 떨어져 있어요.

한 세포가 다른 세포를 흡수해요.

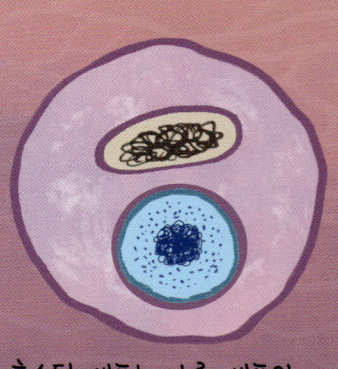

흡수된 세포는 다른 세포의 일부가 되지요.

힘을 합친 세포들

이후 약 10억 년 동안은 별다른 일이 없었어요. 그러다 약 12억 년 전, 생명체는 커다란 발걸음을 내디뎠지요. 뱅지오모파라는 생물은 생명의 역사에서 큰 전환점이 되었어요. 생김새는 오늘날의 붉은 조류와 비슷한데, 이는 우리가 알기로 최초의 다세포 생물이에요. 다세포 생물은 서로 다른 일을 하는 다른 종류의 세포들을 가질 수 있어요. 세포 중에는 표면에 붙어 있기를 잘하는 세포들도 있고, 에너지를 얻거나 양분을 만드는 것을 잘하는 세포들도 있지요.

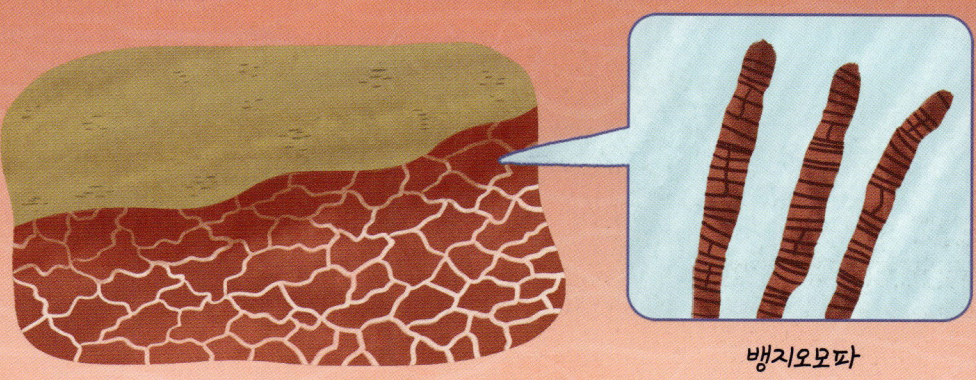

뱅지오모파

둘이 필요해요

뱅지오모파는 다른 새로운 일도 했어요. 번식을 위한 특별한 세포를 갖고 있었던 이들은 성적으로 번식한 최초의 생물이었지요. 생물의 번식 방법에는 부모가 있는 유성 생식과 모체가 하나뿐인 무성 생식이 있어요. 생물이 유성 생식(씨앗에서 자라난 풀이든, 알에서 나온 펭귄이든, 사람이든)을 하는 경우, 생물은 부모에게서 유전형질 물질을 물려받아요. 하지만 무성 생식을 하는 경우에는 모체가 단순히 둘로 갈라져서 자신과 정확히 똑같은 개체를 만들지요. 유성 생식은 다양한 자손의 모습으로 이어지는데, 이는 생물이 세대를 거쳐 빠르게 진화할 수 있는 가장 좋은 방법이랍니다.

불우렁쉥이(아주 작은 바다 생물들이 모여 만든 군집, 하나의 커다란 생명체처럼 보여요.)

★ 지금도 살아요 ★
지의류

지금도 우리 주위에는 하나의 커다란 생물이 되지 못하고 공동체를 이루며 사는 단순한 생물들이 있어요. 이러한 생물을 통해 우리는 단세포 생물이 처음에 어떻게 모여 서로 돕게 되었는지를 알 수 있지요. 지의류는 균사(균류의 몸을 이루는 미세 가닥)와 함께 사는 시아노박테리아나 조류처럼 단순 생명체들이 이룬 군집이에요.

지의류

놀라운 유전자 DNA

부모에서 자식에게 유전되는 특성을 전달하는 유전자는 DNA라는 길고 가느다란 분자의 일부분이에요. DNA의 실 모양 물질을 우리는 염색체라고 불러요. 모든 유전자는 서로 합해져 하나의 완전한 유기체를 만들지요.

유전자가 만드는 나

유전자는 우리 몸을 운영하는 컴퓨터 프로그램과 약간 비슷해요. 유전자는 눈 모양이나 손가락 길이와 같은 특징을 정하면서 우리 몸이 어떻게 자라고 어떤 모습이 될지 조정하지요. 또, 호흡이나 음식물 소화 같은 화학적 과정을 위한 명령을 수행하기도 해요.

사람의 염색체는 모두 23쌍(46개)으로, 각 염색체는 수백 개의 유전자로 나뉘어요. 각 유전자는 단백질이라는 특정 화학 물질을 어떻게 만드는지 우리 몸에 알려주지요. 우리 몸에서 어떤 단백질이 언제 어디서 만들어지느냐에 따라 우리 몸이 자라는 방법과 하는 일은 달라져요. 우리 몸의 거의 모든 세포에는 유전자의 복사본이 있고, 유전자는 핵이라는 세포의 특별한 부분에 포함되어 있어요.

우리는 상추인가요?

여러분은 아마 "우리 DNA의 50%는 상추와 같다."라는 말을 들어본 적이 있을 거예요. 모든 생물은 몇 가지 기본 과정을 같은 식으로 수행해요. 예를 들면, 우리의 뼈는 얼룩말의 뼈가 자라는 것과 같은 방식으로 자라고, 우리의 세포는 상추 세포가 분열하는 것과 같은 방식으로 분열하지요. 모든 생물에 어떤 명령은 똑같이 적용되므로, 모든 생물에서 어떤 유전자는 똑같이 나타나요. 우리가 상추와 공유하는 유전자는 지구상의 생명체에 필수적인 일부 과정을 조정하지요.

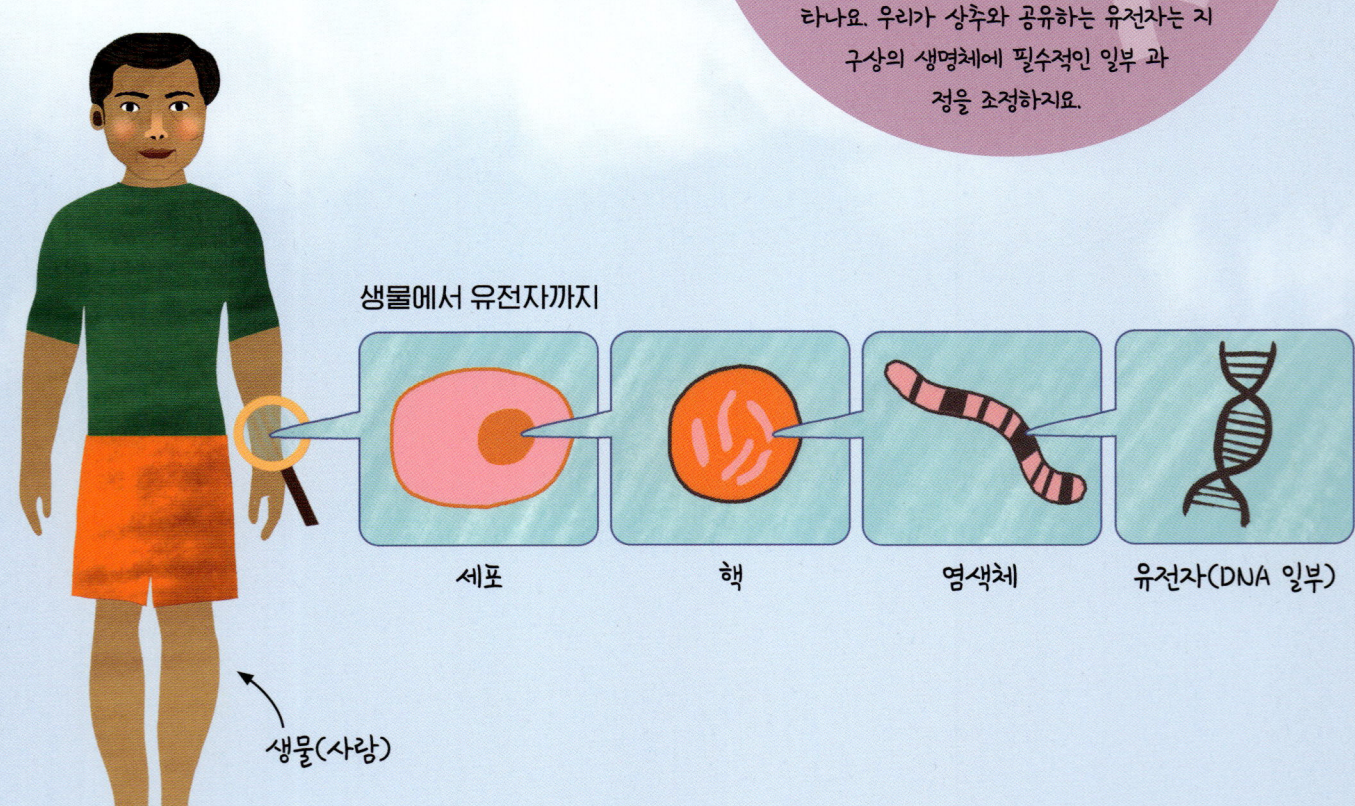

생물에서 유전자까지

세포 · 핵 · 염색체 · 유전자(DNA 일부)

생물(사람)

세포 더 만들기

모든 생물의 세포는 생물이 성장할 때, 손상되거나 오래된 세포를 교체할 때, 혹은 무성 생식을 할 때 세포를 더 만들기 위해 분열돼요. 우선 염색체가 자신을 복제하면, 이 염색체들은 두 개의 그룹으로 분리되고, 다음으로 핵이 두 개로 분리돼요. 세포는 다른 모든 내용물을 복제하고 두 개의 같은 세포로 갈라지지요.

다 섞였어요!

생물이 유성 생식을 할 때, 이들은 염색체 수의 절반으로 세포를 복제하고, 복제된 일부 세포를 섞어 새로운 종류를 만들어내요.

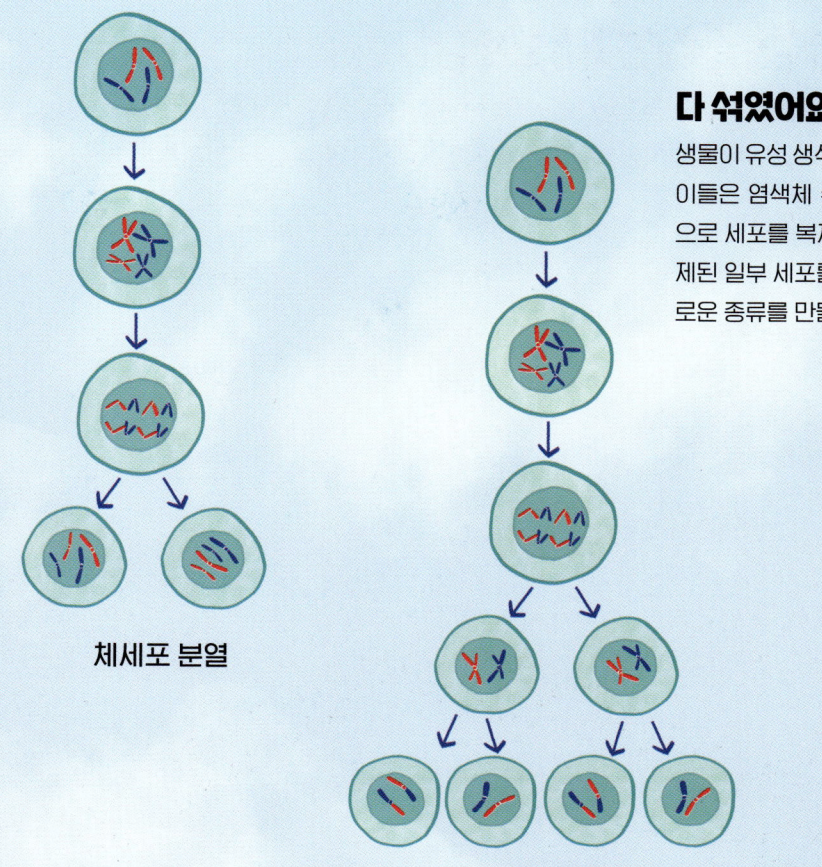

체세포 분열

감수 분열

뭐, 세상에 이런 일이 다 있어요!

세포가 복제되는 도중에 무언가가 잘못되면 가끔 돌연변이가 생기기도 해요. 그 생물이 살아남으면, 돌연변이는 후손에게 전해질 수도 있지요. 무성 생식을 하는 생물의 경우, 돌연변이는 종이 변화할 수 있는 유일한 방법이에요.

회색 가지 나방은 대개 색이 옅지만, 돌연변이로 인해 짙은 색을 띠게 될 수 있어요.

어떤 유전자가 이길까?

많은 유전자에는 대립 형질이라는 특성이 있어요. 이를테면 대립 형질은 노란 꽃잎이나 빨간 꽃잎을 만들 수 있지요. 만약 어떤 생물이 빨간 꽃잎과 노란 꽃잎을 만드는 대립 형질을 하나씩 물려받는다면 어떻게 될까요? 아마 두 색이 섞인 꽃잎이 만들어질 수도 있겠지요. 하지만 보통은 한 개의 유전자가 이긴답니다. 이것을 우리는 우성 형질이라고 해요. 꽃의 대립 형질이 모두 빨간 꽃잎을 만드는 대립 형질이 아닌 한, 노란색이 우성이면 꽃은 항상 노란 꽃을 피울 거예요.

부모 자손 부모

눈덩어리와 해면동물

다세포 생물이 출현했는데도, 진화의 과정은 매우 느렸어요. 해면동물만큼 복잡한 생물이 나오기까지는 자그마치 5억 년 이상이 걸렸지요!

단순한 생물의 시작

해면동물은 지금도 전 세계의 바닷속에 사는 아주 단순한 생물이에요. 해면동물은 네 가지 종류의 세포를 갖고 있는데, 이 세포들은 해면이 바위 표면에 잘 붙어 있도록 돕고, 해면의 형태를 잡아주고, 몸의 구멍을 통해 물을 실어 나르고, 먹이 입자들을 거르고 소화시키며, 번식도 가능해요. 가장 오래된 것으로 알려진 해면동물은 약 6억 년 전에서 5억 년 전에 살았지요.

가장 오래된 해면 화석의 지름은 1mm가 채 안 돼요.

눈덩이 지구

지구가 대산소 발생 사건 이후 거대한 눈덩이로 변해버린 것처럼, 약 7억 1,500만 년 전에서 6억 3,500만 년 전 어느 시점에 또다시 같은 일이 벌어졌어요. 생물은 빙판 밑에서만 살 수 있었고, 많은 생물이 멸종되었지요. 하지만 세상이 다시 따뜻해지자, 살아남은 생물은 다른 형태로 진화하며 널리 퍼지고 다양해졌어요. 더 크고 더 복잡한 생물들도 나타났지요. 모든 생물은 아직 바다에 살았지만, 여기에는 중요한 진전이 있었어요. 식물과 동물이 더욱 뚜렷하게 구분되었고, 동물은 주로 두 개의 무리로 나뉘어 나중에 절지동물(곤충, 거미, 게, 전갈 등)과 척추동물이 되었지요.

식물 아니면 동물?

진화한 생물 중에는 식물인지 동물인지 구분하기 어려운 것들도 있었어요. 카르니아는 해저에 단단히 달라붙으면서 바닥에 원을 만들었고, 이들의 길쭉하게 솟은 윗부분은 해류를 따라 움직였어요. 카르니아는 아주 작은 생물들이 함께 살며 만든 군집이었을 수도 있지요. 오늘날의 바다조름이라는 생물은 몸통과 몸통을 바닥에 고정하는 부분으로 되어있는데, 이들의 몸은 하나의 유기체와 깃털 모양을 형성하는 아주 작은 유기체들로 구성되어 있어요. 각 유기체는 양분 섭취나 번식처럼 서로 다른 일을 하지요. 아마 카르니아도 비슷했을 거예요.

디킨소니아는 지구 최초의 동물이에요. 길이가 최대 1m에 달했고, 표면에 갈비뼈 같은 홈이 나 있었어요. 어느 쪽 끝이 머리인지는 아무도 몰라요. 머리가 있긴 하다면 말이지요.

카르니아

디킨소니아

반으로 접히는 생물

'눈덩이 지구' 시대 이후 생물들은 처음으로 대칭을 이루기 시작했어요. 이들의 반쪽은 서로 정확히 같은 모습이었지요. 인간과 같은 많은 동물이 좌우 대칭이라 부르는 대칭성을 갖고 있어요. 하지만 방사 대칭을 이루는 생물들도 있지요. 이들의 모습은 마치 한 부분이 중심점 주위를 돌며 반복(보통 다섯 번 이상)된 것처럼 보여요. 방사 대칭인 생물에는 불가사리와 성게가 있답니다.

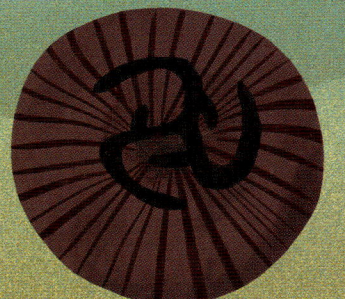

트리브라키디움

★ 진화 미스터리 ★
트리브라키디움

트리브라키디움은 정말 특이해요. 방사 대칭을 이루고 있지만, 한 부분이 세 번 반복되어 만들어졌지요. 이 생물은 세 겹으로 겹쳐질 수 있는 얼마 안 되는 생물 중 하나예요. 이 화석이 더 큰 생물의 일부로 만들어진 것이라 해도, 아무도 이것이 어떤 종류의 생물이었는지는 모른답니다.

햇님 불가사리

팔이 5개인 불가사리

생명체의 지도

살아 있거나 멸종된 수백만 종류의 생물을 접하면서, 과학자들은 생물에 관해 좀 더 쉽게 이야기하고, 연구하고, 비교하기 위해 이들을 분류할 방법이 필요하게 되었어요. 하지만 분류는 생물을 그저 편하기 위해 나누는 것만은 아니에요. 분류는 진화의 방향을 나타내려 노력하고, 거대한 계통도를 통해 생물이 서로 어떻게 연관되어 있는지 보여주지요.

위에서 아래로 나타내는 진화 단계

고세균과 박테리아는 진화를 시작한 최초의 생명체예요. 이후 일부 다른 것들이 결합해 만들어진 진핵생물이 나타나면서 미생물은 크게 세 가지로 나뉘게 되었지요. 이것이 우리가 영역이라 부르는 분류의 가장 상위 단계예요. 모든 생명은 이 세 영역에서 진화했답니다.

식물계와 동물계

진핵생물 영역에는 복잡한 생물들(모든 식물과 동물, 균류)이 있어요. '식물'과 '동물'은 진핵생물 영역 안에 있는 계(界)의 예시들이지요. '계'는 분류의 다음 단계예요. 그리고 동물은 점점 더 작은 범주들로 나뉘지요.

한 종류의 동물을 정의하기 위해서는 마지막 단계까지 가야 해요. 그래서 '동물'에는 척추가 있는 동물뿐 아니라 곤충과 벌레도 포함되지요. '척추동물'에는 물고기, 악어, 새가 있어요. '포유류'에는 기린, 쥐, 곰과 같은 다양한 동물이 포함되지요. 또, '고래류'에는 고래와 돌고래가 있어요.

브랑겔섬에 살던 매머드

여러 종류의 매머드

한 생물이 다른 생물에서 진화했다고 해서 원래 있던 생물이 사라지는 것은 아니에요. 약 6천 년 전, 브랑겔섬은 바다를 사이에 두고 시베리아와 분리되었어요. 섬에는 500마리에서 1,000마리의 털북숭이 매머드가 살았지요. 이들은 본토에 살던 매머드와 따로 진화해 나중에는 좀 더 부드럽고 옅은 색의 털을 갖게 되었어요. 본토에 살던 매머드는 섬에 살던 매머드가 멸종되기 훨씬 오래 전에 멸종되긴 했지만, 처음에는 같이 존재했었지요.

본토에서 살던 매머드

같은 조상

오늘날 살아 있는 엄청나게 다양한 생물들은 모두 몇 안 되는 조상에게서 진화했어요. 과학자들은 진화 과정을 거슬러 공통의 조상을 찾으려 노력하지요. 그리고 나무 모양 그림으로 다른 종의 생물들이 서로 어떻게 연관되어 있는지 보여줘요. 선이 둘로 갈라지는 지점(나뭇가지가 있는 곳)은 공통의 조상을 가진 두 생물이 서로 다른 방식으로 진화를 시작한 곳이에요. 개와 팀버늑대는 자신들로 진화해 온 공통의 조상이 있어요. 이 공통의 조상은 히말라야 늑대와 조상이 같고, 또 이 조상은 코요테와 조상이 같지요..

개

팀버늑대

히말라야 늑대

코요테

생명체의 폭발적인 분화

일단 생명체가 더 큰 생물로 자라나기 시작하자, 진화는 더욱 폭발적으로 진행되었어요. 약 5억 4천만 년 전, 몸의 형태가 다양한 생물들이 매우 빠르게 나타나기 시작했지요. 이 사건을 우리는 **캄브리아기 대폭발**이라고 불러요. 복잡한 동·식물이 생겨나고 동물과 식물의 구분이 명확해진 것은 바로 이때부터였지요.

버제스혈암

1909년, 캐나다의 한 산 중턱에서 찰스와 헬레나 월콧은 먼 옛날의 모습을 들여다볼 수 있는 거대한 화석 지대를 발견했어요. 버제스혈암에는 수천 개의 생명체가 얇은 바위층에 화석화되어 있지요. 이 화석들은 몸이 부드러운 생물의 화석이라는 점에서 특별해요. 보통 화석은 뼈나 이빨과 같은 단단한 부분만 보존하니까요.

삼엽충은 약 5억 4천만 년 전에 처음 나타났어요. 이들의 몸은 여러 마디로 나뉘었고, 마디마다 다리가 있었어요.

삼엽충

아주 옛날의 지구

아주 옛날의 지구를 연구하는 사람들은 지구의 역사(시간)를 지질 시대로 구분해요. 캄브리아기 대폭발 전까지의 시간을 원생대라 부르는데, 이 시대는 5억 4,100만 년 전에 끝났지요. 그 이후의 시대는 현생 누대라고 해요.

아노말로카리스는 최상위 포식자였어요. 아무도 이 동물을 잡아먹지 못했지요. 길이 1m까지 자란 초기 절지동물 아노말로카리스는 바닷속에서 물결을 일으키며 주위의 작고 부드러운 먹이를 뾰족한 입으로 사냥했을 거예요.

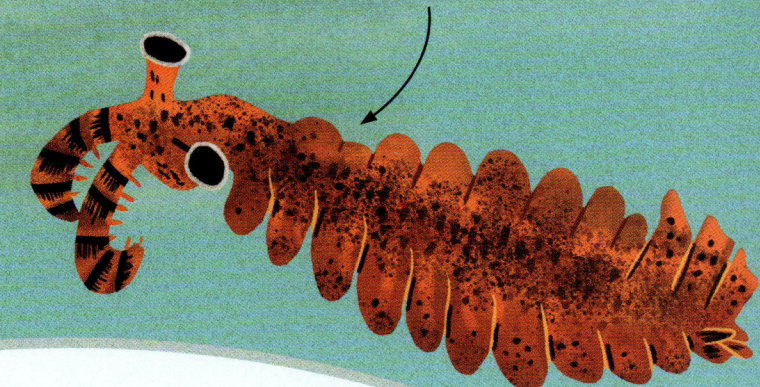

삿갓조개 같은 연체동물과 관련 있어 보이는 **위왁시아**는 해저에 살면서 몸 아래 뒤쪽을 향해 줄지어 나 있는 원뿔형 이빨로 아마 바위에 붙은 조류를 긁어먹었을 거예요.

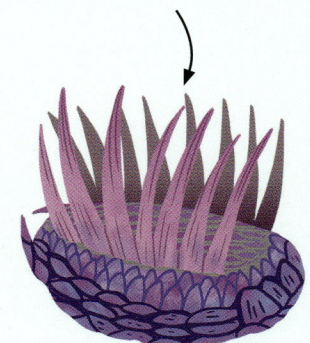

약간 레이스가 달린 게처럼 생긴 **마렐라**는 초기 형태의 절지동물이었을 수도 있어요. 기다란 가시털 두 쌍이 머리부터 뒤쪽으로 뻗어 있었고, 몸에 20개의 마디가 있었지요. 각각의 마디에는 다리가 한 쌍씩 달려 있었어요.

좀 이상하게 생긴 초기 절지동물 **오파비니아**는 다섯 개의 눈과 뭔가를 잡는 데 쓰는 기다란 기관을 갖고 있었는데, 여기에는 이빨처럼 보이는 가시가 달려 있었어요. 이 기관으로 먹이를 잡아 자신의 입으로 가져갔지요.

초기 절지동물로 보이는 또 다른 동물로는 **아이쉐아이아**가 있어요. 밑에 짧은 다리가 많아서 약간 애벌레처럼 보이지만, 가시로 둘러싸인 사나운 입이 있었지요.

할루키게니아 7~8쌍의 부드러운 다리로 바다 밑바닥을 걸어 다녔는데, 각 다리에는 발톱이 한 쌍씩 있었어요. 한쪽 끝에 둥근 모양의 머리가 있었고 등을 따라 두 줄로 가시가 나 있었지요.

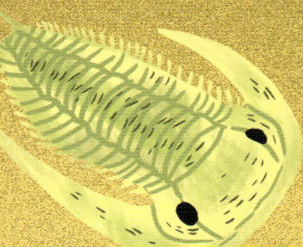

크게 뜬 눈의 진화

지구에 생명이 출현하고 첫 35억 년 동안은 어떤 생물도 앞을 제대로 보지 못했어요. 그러다 약 5억 4천만 년 전, 눈이 진화하고 시력을 얻게 되면서 동물들은 자신이 어디로 가는지 볼 수 있었고 서로를 볼 수도 있었지요. 이들은 자신을 쫓는 포식자와 자신이 먹고 싶은 먹잇감을 볼 수 있었어요. 눈은 움직일 수 있는 동물에게 아주 유용했기 때문에 독립적으로 여러 번 진화해왔지요.

빛과 어둠

빛에 반응하는 화학 물질을 이용하면 빛과 어둠을 쉽게 구분할 수 있어요. 심지어 식물도 빛을 알아보고 빛을 향해 자라지요. 햇빛은 식물에 화학 물질로 작용해 식물의 성장을 이끌어요. 하지만 우리는 식물이 볼 수 있다고는 생각하지 않아요. 많은 박테리아가 단순 '안점(감각기관)'을 갖고 있어서 빛을 향해 이동할 수 있는데, 이 안점에는 빛에 반응하는 화학 물질이 포함되어 있지요.
어떤 동물들은 빛에 반응하는 세포군인 매우 단순한 종류의 '눈'을 갖고 있어요. 동물들은 이 눈을 이용해 포식자에게서 몸을 숨길 수 있는 어두운 곳으로 이동하거나, 뜨거운 햇볕에 말라 죽지 않거나, 밝은 곳으로 이동해 먹이를 찾을 수 있지요. 오늘날의 동물 중 불가사리와 단순한 벌레들도 이러한 일을 할 수 있어요.

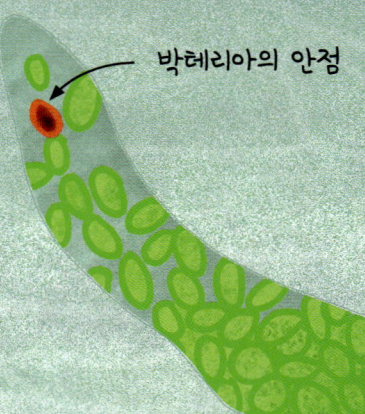

박테리아의 안점

매우 단순한 안점을 가진 플라나리아

쓰지 않으면 없어져요

버제스혈암에서 발견된 많은 동물이 눈을 갖고 있었지만, 식물은 그렇지 않았어요. 식물이 눈을 진화시키는 것은 별 의미가 없었을 거예요. 식물은 눈으로 얻는 정보를 활용할 수 없기 때문(포식자를 피할 수 없기 때문)이지요. 어두운 곳에서 사는 동물들은 눈이 있어도 얻는 것이 없기 때문에, 보통 시각을 잃고 대신 미각이나 촉각과 같은 다른 감각을 발달시켰어요. 눈은 발달시키기도 어렵지만 다치기도 쉽지요. 눈이 작거나 없는 채로 태어난 동물에게는 한 가지 장점이 있어요. 바로 잘못될지도 모르는 복잡하고 약한 부분이 하나 덜 있다는 것이지요. 생물은 환경이 바뀌면 더는 쓸모없는 신체 부위나 기능을 잃게 돼요.

각 팔의 끝에 안점이 있는 불가사리

눈의 진화

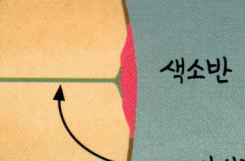

- 색소반
- 시신경
- 색소조직
- 작은 구멍만 남은 눈
- 초기 형태의 닫힌 눈
- 수정체가 생긴 눈
- 고도화된 눈

잠자리의 눈은 겹눈이에요.

진화하는 눈

눈은 캄브리아기 대폭발 시기에 더욱 진화했어요. 아노말로카리스는 각 눈에 아주 작은 홑눈이 16,000개까지 있었어요. 이런 종류의 눈을 우리는 겹눈이라 하고, 곤충들은 아직도 이러한 눈을 갖고 있지요. 삼엽충의 눈은 겹눈이었어요. 잠자리의 눈도 홑눈이 28,000개인 겹눈이에요.

잠자리의 겹눈

삼엽충의 눈도 겹눈이에요.

초승달 모양의 겹눈

눈이 정말 크구나!

인간과 다른 많은 동물의 눈에는 수정체가 있어요. 수정체는 모양을 바꿔서 뇌에 정보를 전달하는 신경이 있는 눈의 뒤쪽에 빛을 집중시켜요. 뇌는 눈으로 들어오는 빛으로 복잡한 그림을 그리지요. 뇌는 우리가 보는 것을 구성해 이미지를 만들어요.

앞을 볼 수 있게 되면서 동물들은 더 빨리 움직이고, 포식자를 피하고, 짝을 유인하도록 진화할 수 있었을 거예요. 이것들은 앞이 보여야만 가능했던 일들이지요.

이 라마를 포함해 모든 포유류는 고도화된 눈을 갖고 있어요.

27

육지로의 진출

약 35억 년 전, 모든 생물은 바닷속에서 살았어요. 그러다 약 4억 5천만 년 전, 생물은 처음으로 해안선에 드러난 바위를 탐험하기 시작했지요.

처음 물 밖으로 나온 생물은 전갈이나 지네처럼 몸이 단단하고 마디가 있는 절지동물이었어요. 그리고 식물들이 그 뒤를 따랐는데, 처음에는 조류(물속에 사는 식물), 지의류, 미생물 매트만이 물 근처의 바위를 덮었어요. 이러한 생물들이 말라 죽었을 때, 미생물은 절지동물의 배설물과 함께 죽은 생물을 분해해 식물이 뿌리를 내릴 수 있는 첫 토양층을 만들었지요. 처음에는 습하고 어두운 지역에서 이끼가 자랐고, 그리고서 이들 옆으로 우산이끼가 퍼졌어요.

식물이 자라면서 주위로 퍼지자, 동물도 식물처럼 따라하기 시작했어요. 물고기들이 힘겹게 늪지와 해변으로 올라오면서 절지동물은 이 이상하고, 축축하고, 미끄러운 생명과 함께 있게 되었지요. 바닷가에서부터 시작된 진화는 육지를 동물과 식물로 가득 채웠어요. 그로부터 2억 년에 걸쳐 거대한 나무숲이 위로 치솟았고, 하마만한 파충류가 숲을 헤치고 다녔으며, 새만큼이나 큰 곤충들이 나무 사이를 돌아다녔지요.

모든 곤충의 어머니

오늘날 우리는 보통 절지동물을 대충 보고 말지만, 이들은 4~5억 년 전에 세상을 지배했던 동물이에요. 절지동물은 몸의 겉면이 딱딱한 구조(외골격)로 되어있고 몸에 마디가 있는 생물을 말해요. 절지동물에는 거미, 전갈, 게, 새우, 노래기와 모든 곤충류가 포함되지요. 이들은 동물 종의 75% 이상을 차지한답니다.

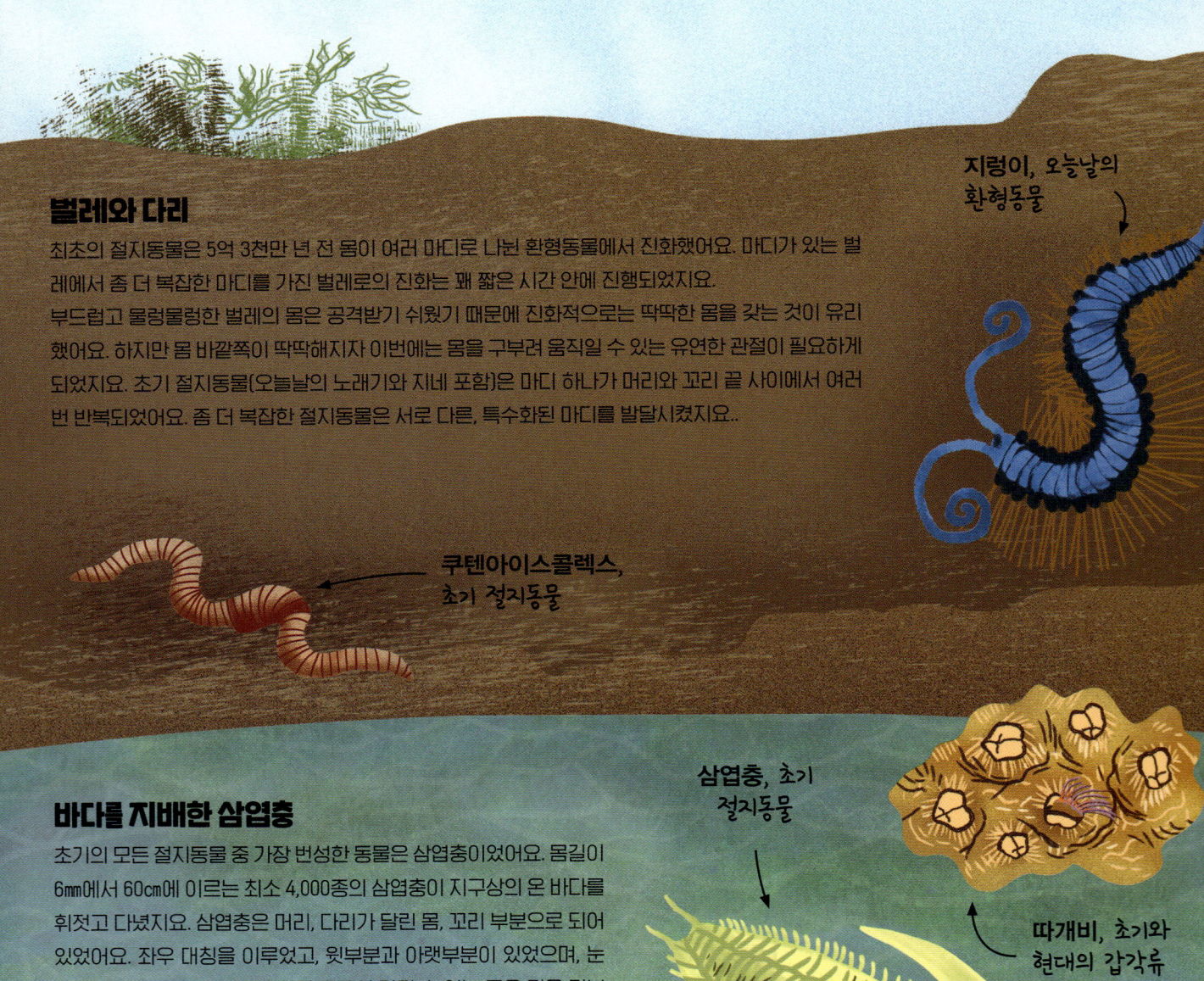

지렁이, 오늘날의 환형동물

벌레와 다리

최초의 절지동물은 5억 3천만 년 전 몸이 여러 마디로 나뉜 환형동물에서 진화했어요. 마디가 있는 벌레에서 좀 더 복잡한 마디를 가진 벌레로의 진화는 꽤 짧은 시간 안에 진행되었지요.
부드럽고 물렁물렁한 벌레의 몸은 공격받기 쉬웠기 때문에 진화적으로는 딱딱한 몸을 갖는 것이 유리했어요. 하지만 몸 바깥쪽이 딱딱해지자 이번에는 몸을 구부려 움직일 수 있는 유연한 관절이 필요하게 되었지요. 초기 절지동물(오늘날의 노래기와 지네 포함)은 마디 하나가 머리와 꼬리 끝 사이에서 여러 번 반복되었어요. 좀 더 복잡한 절지동물은 서로 다른, 특수화된 마디를 발달시켰지요..

쿠텐아이스콜렉스, 초기 절지동물

바다를 지배한 삼엽충

초기의 모든 절지동물 중 가장 번성한 동물은 삼엽충이었어요. 몸길이 6mm에서 60cm에 이르는 최소 4,000종의 삼엽충이 지구상의 온 바다를 휘젓고 다녔지요. 삼엽충은 머리, 다리가 달린 몸, 꼬리 부분으로 되어 있었어요. 좌우 대칭을 이루었고, 윗부분과 아랫부분이 있었으며, 눈이 있었지요. 이들은 5억 년 전의 동물이 가질 수 있는 좋은 점을 전부 갖고 있었어요. 하지만 이렇게 번성했음에도, 삼엽충은 2억 5,200만 년 전에 모두 멸종하고 말았답니다.

삼엽충, 초기 절지동물

따개비, 초기와 현대의 갑각류

살금살금 움직이는 벌레들

물에서 육지로 처음 모험을 한 동물은 전갈류와 다족류(지네와 노래기)였어요. 4억 4,300만 년이 된 화석을 보면 이들이 육지를 어떻게 오고 갔는지 알 수 있어요. 이들은 물에서 산소를 얻는 데 익숙해 공기 중에서는 숨을 쉴 수 없었기 때문에 처음에는 멀리 가지 못했을 거예요. 그래서 물속을 자주 드나들며 아가미를 적셔야 했지요. 또, 육지로는 밤에 올라왔을 거예요. 시원한 밤에는 몸이 빨리 마르지 않았을 것이고, 햇빛에서 나오는 방사선이 이들을 해치지 않았을 테니까요. 이때 육지에 다른 식물이나 동물은 살지 않았어요. 이들은 서로를 잡아먹었고 작은 생물들은 밀물과 썰물이 만든 웅덩이에 갇힌 채로 남게 되었지요.

마침내, 이 방문객들은 육지에 정착했어요. 4억 2,800만 년 전, 몸길이가 겨우 1cm였던 한 노래기가 육지에서 내내 사는 것에 적응했지요. 노래기는 자신의 아가미를 몸 안쪽으로 옮겨 더는 물로 돌아가지 않아도 되었답니다.

★지금도 살아요★
절지동물

지금의 지네와 노래기는 수백만 년 동안 거의 변하지 않았어요. 이들 대부분이 4억 5천만 년 전 자신들의 조상과 마찬가지로 여전히 어둡고 습한 곳에 살고 있지요.

바다 밑의 생명체

몇몇 절지동물이 육지를 탐험하는 동안, 대부분의 생명체는 바닷속에서 번성했어요. 여기에는 해면류, 삼엽충, 투구게, 해파리, 초기 오징어(껍데기 속에 사는 암모나이트 포함)가 해당하지요. 불가사리와 성게가 바다 밑을 기어다녔고, 이상하게 생긴 최초의 어류도 나타났어요.

둔클레오스테우스
(3억 8,200만 년 전~3억 5,800만 년 전) 무시무시하게 생긴 거대한 둔클레오스테우스는 최대 6m까지 자랐어요.

물고기 비슷한 생물
최초의 어류는 약 5억 2,500만 년 전, 하이코우이크티스와 같은 생물에서 진화했어요. 몸길이가 겨우 2.5cm에 불과했던 하이코우이크티스는 척추가 있었고, 몸 위쪽에서 시작해 꼬리 부근을 지나 아래쪽에서 끝나며 몸을 감싸는 지느러미로 물속을 헤엄쳤지요.

진정한 최초의 어류는 몸 끝에 고리 모양의 이빨이 있는 장어처럼 생겼었어요. 이들은 턱이 없어서 먹이를 잡아먹는 데 한계가 있었고, 뼈 대신 단단한 연골이 있었지요.

암모나이트

드레파나스피스
(4억 년 전) 드레파나스피스는 바다 밑바닥에서 먹이를 먹으며 살았어요. 딱딱한 몸체 덕분에 위에 있는 생물들의 공격을 피할 수 있었지요.

32

말린 것과 말리지 않은 것

어류 중에는 껍데기 속에 사는 오징어의 일종인 암모나이트가 있었어요. 어떤 것은 나선형으로 완전히 말려 있었고, 또 어떤 것은 몸 일부만 말려 있거나 거의 펴져 있었지요. 암모나이트는 약 4억 8백만 년 전에 직선 형태의 껍데기를 가진 친족에서 진화했고 6,600만 년 전까지 살아남았답니다. 이들은 다양한 종류로 진화했지만, 각각 몇 백 년밖에 살지 못했어요. 과학자들은 암모나이트 화석을 통해 이들 화석의 연대뿐 아니라 같은 장소에서 발견된 다른 화석들의 연대까지 추정할 수 있지요.

암모나이트

★ 진화 미스터리 ★
스테타칸투스

초기 상어 스테타칸투스는 지금의 상어에는 없는 아주 이상한 특징을 갖고 있었어요. 머리 위에 아주 작은 돌기들로 덮인 단단한 조직이 있었고, 코 쪽에는 더 많은 돌기가 있었지요. 그런데 이 기관들이 무슨 역할을 했는지는 아무도 모른답니다.

스테타칸투스
(3억 2,300만 년 전)

승리의 턱

약 4억 3천만 년 전, 현대 어류의 조상은 턱없는 단순한 어류에서 진화해 빠르게 진화를 이어나갔어요. 이들은 턱을 발달시켜 먹이를 물 수 있었고, 지느러미를 쌍으로 길러 움직임에 대한 통제를 더 잘 할 수 있게 되었지요.

4억 1,700만 년 전~3억 5,400만 년 전의 데본기를 우리는 **어류의 시대**라 불러요. 이 시기에는 어류의 초기 조상인 총기류, 상어, 가오리류, 단단한 골판으로 뒤덮여 괴이하게 생긴 플래커덤 등이 살았지요.

제나스피스(4억 년 전)
바다 밑에서 먹이를 먹고 살았던 또 다른 생물, 화살표 모양의 머리가 특이해요.

물고기의 다리

우리의 조상들은 비교적 육지에 늦게 도착했어요. 인간을 비롯해 다리가 넷인 모든 동물은 약 3억 7,500만 년 전 육지로 힘겹게 올라와 숨쉬기에 적응하기 시작한 물고기에서 진화했지요.

물에 빠지면 죽을 수도 있는 물고기

물고기는 보통 물에서 살며 아가미로 호흡해요. 물이 입으로 흘러들어와 아가미를 통해 나가면 산소가 물고기의 피로 공급되지요. 하지만 폐어류는 약 4억 년 전부터 수면에서 공기를 들이마시기 시작했어요.

지금도 살아 있는 폐어류는 진흙 속에 몸을 묻은 채 공기를 들이마실 수 있기 때문에, 다른 물고기라면 죽었을 말라버린 강에서도 살 수 있어요. 심지어 이들은 숨을 쉴 수 없는 물속에만 계속 있으면 물에 빠져 죽기도 한답니다.

판데리크티스

아칸토스테가

늪에서 기어오르기

다음으로 폐어류는 땅에 있을 때 몸을 받쳐줄 수 있는 강한 지느러미를 발달시켰어요. 그리고 강에서 힘겹게 몸을 끌고 나와 습지로 올라갔지요. 양서류는 이 "육기어류(발 달린 물고기)"에서 진화했답니다.

가장 유명한 육기어류는 틱타알릭이에요. 몸길이가 2.5m까지 자란 틱타알릭에게는 악어처럼 생긴 머리와 움직일 수 있는 목(물고기는 목이 없어요), 튼튼한 골반(엉덩이)이 있었어요. 물고기의 골반은 보통 좁고 약하지만, 육지로 올라오려면 튼튼한 뒷다리가 필요했으니까요. 틱타알릭은 이 물고기 비슷한 동물이 물을 완전히 떠나기에 앞서 골반 모양을 바꾸었다는 것을 보여주지요.

틱타알릭

물에 적합한 다리

진화는 늘 한 방향으로만 진행되는 것이 아니고, 겉으로 보이는 것도 전부는 아니에요. 틱타알릭보다 1,500만 년 후에 살았던 아칸토스테가는 손가락과 발가락이 있는 육지 양서류와 비슷하게 생겼지요. 하지만 이 동물의 다리와 골반, 척추, 갈비뼈는 육지보다 물에서 생활하기에 더 적합했어요. 물속에서 이동하기 쉽도록 진화된 다리와 발가락은 우연히 이 동물이 육지로 이동하는 것을 도운 것 같아요.

이크티오스테가

★ 지금도 살아요 ★
말뚝망둥어

말뚝망둥어는 열대 해안, 그리고 강물이 바다와 만나는 강어귀에 살아요. 물고기처럼 생겼지만, 양서류에 해당하며 늦지긴 해도 육지에서 대부분의 시간을 보내지요. 물에서는 지느러미를 이용해 헤엄치지만, 땅에서는 이 지느러미를 다리처럼 사용해 몸을 움직여요.

말뚝망둥어

공기에 적응하기

물에서 올라온 물고기는 적어도 성체가 되면 육지에서 더 많은 시간을 보내며 뭍에서 내내 숨을 쉬는 것에 적응했어요. 이들은 최초의 양서류로 진화했지요. 오늘날에도 양서류는 물속에서 알을 낳고, 아가미가 있는 새끼는 물속에서 유충기를 보내요.

물속과 물 바깥

페데르페스는 약 3억 4,800만 년 전에 육지에서 사는 데 적응했어요. 몸길이가 1m 정도 되었고, 어류와 양서류의 특징이 섞여 있었지요. 발가락이 달려 있고 앞을 향해 있던 이들의 발은 육기어류의 옆으로 튀어나온 작은 다리가 변한 것이었어요. 또, 머리가 납작했던 육기어류와 달리, 페데르페스의 머리는 길고 좁았지요. 이들의 귀는 공기 중보다 물속에서 듣는 것에 더 잘 적응했기 때문에, 이들은 여전히 물속에서 먹이를 사냥했을 거예요.

페데르페스

양서류 대부분은 다른 동물을 먹는 육식 동물이에요. 초기 양서류는 육지에서 절지동물을 먹었고, 어떤 양서류는 자신보다 더 작은 양서류를 먹기도 했지요. 이들은 아직 피부를 축축하게 유지해야 했고 알도 물속에 낳았기 때문에 먼 육지까지 다니진 못했어요.

몸길이가 겨우 12cm인 암피바무스는 개구리나 도롱뇽 같은 현대 양서류와 비슷해요. 아주 작고, 뾰족하고, 물 수 있는 이빨이 있었고, 아마 긴 꼬리지느러미가 달린 올챙이 비슷한 유충기를 거쳤을 거예요.

프로테로기리누스도 좀 어중간한 동물이었어요. 걷기에 적합한 다리와 육지에서 호흡할 때 폐를 받쳐줄 수 있는 가슴 부분이 있었지만, 아직 헤엄치기에 적합한 꼬리도 있었지요.

★ 지금도 살아요 ★
양서류

현대 양서류는 3억 년도 더 전에 살았던 그들의 조상과 거의 다르지 않아요. 개구리는 전형적인 양서류 생활을 하지요. 개구리가 물속에 알을 낳으면, 유충(올챙이)은 그곳에서 아가미로 숨을 쉬며 식물을 먹고 살아요. 올챙이는 자라면서 다리가 생기고 꼬리가 없어져요.(변태라는 과정) 다 자란 개구리는 주로 육지에서 살며 곤충을 잡아먹고 호흡을 해요.

영원

플레기톤시아

다리가 있는 것과 없는 것

양서류가 육지로 올라가기 좋은 다리를 발달시킨 지 얼마 되지 않아, 이들 중 일부는 다리를 다시 잃게 되었어요! 뱀처럼 생긴 양서류 플레기톤시아는 다리가 완전히 없어졌지요. 그 이유는 아마 이들이 물속에서 헤엄치거나 진흙에 굴을 파며 많은 시간을 보내서였던 것 같아요. 물이나 진흙 속에서 다리는 도움이 되기보다는 성가신 존재였으니까요.

울창한 숲

내륙으로 좀 더 들어간 양서류는 숲이 우거진 풍경을 발견했어요. 이때가 3억 5,900만 년~2억 9,900만 년 전인 석탄기였는데, 이 시기에 최초의 거대한 나무들이 자랐다 죽었지요. 수백만 년에 걸쳐 이 나무들은 우리가 지금 캐서 태우는 석탄으로 변했답니다.

새로운 세상 만들기

최초의 육상 식물은 키가 작고 뿌리가 없었어요. 이들은 죽어서 미생물에 의해 첫 토양으로 분해되었지요. 그러다 곧 뿌리가 있는 더 큰 식물을 지탱할 수 있을 만큼 토양층이 두꺼워졌어요. 뿌리부터 위쪽으로 물과 양분을 운반하는 튼튼한 세포 덕분에 줄기는 더 두껍고 강해졌지요. 식물은 토양을 만드는 것 이상의 일을 했어요. 이들은 환경을 새롭게 만들고 그 안에서 진화했지요. 수백만 년 전의 시아노박테리아가 그랬듯, 식물의 잎은 광합성을 해 공기 중에 산소를 가득 채웠어요.

거대 이끼와 양치류, 속새류

식물은 약 3억 8,500만 년 전까지 더욱 크고 튼튼하게 자라 마침내 처음으로 나무가 되었어요. 곧 몇몇 거대한 나무들은 40m까지 자라기도 했지요. 지금의 나무와 달리 이때의 나무들은 작은 식물(석송, 양치류, 속새류라는 풀 같은 식물)의 거대 버전이었어요. 인목과 같은 석송 나무는 엄청난 크기로 자랐고, 비늘 모양의 나무껍질이 키 큰 줄기를 지탱했지요. 나무는 일생의 반 동안은 그저 줄기일 뿐이었어요. 그러다 가지가 자랐고, 가지는 나선형으로 난 가는 잎과 씨앗을 옮기는 열매로 덮게 되었지요.

거대 곤충의 땅

크게 자란 것은 나무뿐만이 아니었어요. 광합성을 하는 식물들은 그 어느 때보다 많은 산소를 공기 중에 내뿜었지요. 절지동물들도 엄청 크게 자랐어요. 거대 잠자리 메가네우라는 가로 길이가 자그마치 70㎝에 달했답니다. 덤불 속에서는 풀모노스콜피우스(몸길이 70㎝)라는 전갈과 다족류인 아트로플레우라(몸길이 2.6m)가 기어 다녔지요.

프로토택사이트

메가네우라

풀모노스콜피우스

★ 진화 미스터리 ★
프로토택사이트

새롭게 정착한 땅에서 자란 가장 신비한 생물 중 하나는 프로토택사이트였어요. 나무가 출현하기 전인 4억 년 전, 균류가 만든 이 거대한 기둥은 너비 1m, 길이는 8m까지 자랐지요. 한때 육지에서 가장 큰 생명체였던 이들은 역사상 가장 신비한 생물 중의 하나예요.

메둘로사

나무고사리는 생김새가 마치 너무 많이 자란 양치류 같았어요. 3.5m까지 자란 메둘로사는 지금의 양치류처럼 줄기 끝에 새로운 잎을 틔우는 식으로 자랐지요. 하지만 요즘 양치류와 다르게 메둘로사의 씨는 크기가 달걀만 했어요.

메둘로사

39

땅을 지배한 생물들

양서류가 물가에서 살아야 했을 때, 처음에 내륙에는 절지동물만 있었어요. 하지만 곧 파충류로 진화하게 되는 다른 동물들이 나타났지요.

파충류로의 진화

육지에서 살기 위해서는 촉촉함을 유지하지 않아도 되는 것 외에 다른 조건들이 더 필요했어요. 파충류는 진흙에서 슬슬 움직이거나 헤엄치는 것보다는 땅에서 이동하기에 더 알맞은 다리가 필요했지요. 이들의 물렁뼈는 더 강하고 단단한 뼈로 변했어요. 피부도 비늘 덮인 두꺼운 피부로 변했지요. 이들은 절지동물, 식물, 작은 파충류 같은 육지에 사는 먹잇감을 잡기에 적합한 입과 이빨이 필요했어요. 그리고 무엇보다 물로 돌아가지 않고도 번식할 방법이 필요했지요.

더 나은 것을 향한 변화

양서류는 물고기처럼 생긴 그들의 조상과 마찬가지로 체외에서 알을 수정했어요. 암컷이 물속에 알을 낳으면 수컷이 그 위에 정자를 뿌려 알을 수정했고, 이후 물속에서 알이 자랐지요. 육지로 올라오려면 이러한 수정 방법도 변해야 했어요. 파충류는 알의 껍데기를 질기고 단단하게 만들어 알이 땅에서 마르지 않고 있을 수 있게 했어요. 이를 위해 수컷은 난자가 껍데기를 갖기 전에 난자에 정자를 뿌려야 했지요. 그래서 수컷은 암컷의 몸에 직접 정자를 뿌렸고, 이러한 수정 방법의 변화 덕분에 이들은 물가에 알을 낳지 않아도 되게 되었답니다.

바라놉스, 단궁류

디메트로돈, 단궁류

라비도사우루스, 원시 파충류

에리옵스, 양서류

스쿠토사우루스, 원시 파충류

강하고 다부진 양서류

양서류로서의 한계가 사라진 파충류는 어디에서나 살 수 있었어요. 하지만 양서류가 사라진 것은 아니었어요. 양서류는 자신들이 가장 잘 적응한 장소에서 계속 살았지요. 에리옵스 같은 커다란 양서류는 몸길이가 2m까지 자랐고 생김새가 마치 넓적한 악어 같았어요.

파충류에서 계속 전진

파충류는 단궁류와 이궁류로 나뉘었어요. 단궁류는 나중에 포유류로 진화했고, 이궁류는 공룡과 새, 악어 같은 동물로 진화했지요. 처음에 이 두 무리는 비슷하게 생겼었어요. 이 중에는 단궁류가 더 흔했고 포유류와 더 비슷했지요. 등에 돛 모양의 돌기가 돋아 신기해 보이는 디메트로돈은 단궁류에 속해요. 두 무리 모두 크고 무겁게 자랐는데, 어떤 동물은 몸길이가 4.6m나 되었답니다.

오피아코돈은 3m까지 자랐어요. 아마 물고기를 잡을 수 있고 숨어 있다가 물을 마시러 온 동물도 공격할 수 있는 물가에서 살았을 거예요. 껍데기가 있는 수정된 알을 낳았어요.

★ 진화 미스터리 ★
디플로카울루스

디플로카울루스는 2억 9,500만 년 전에 살았어요. 부메랑처럼 생긴 이상한 머리는 자라면서 이러한 모양이 되었지요. 어렸을 때 이 '뿔'은 짧았고 뒤를 향해 있었어요. 이 동물은 양서류의 일종인 도롱뇽 같은 것이었을 거예요. 하지만 머리가 왜 이런 모양인지는 아무도 모른답니다.

디플로카울루스 화석

디플로카울루스를 세 가지 모습으로 나타낸 것(정확한 생김새는 잘 몰라요.)

41

뼈에서 돌로 변화된 화석

우리는 화석을 통해 과거에 어떤 식물과 동물이 살았는지 알 수 있어요. 화석은 돌에 남은 자국, 즉 아주 적절한 조건에서 생물의 일부가 돌로 변한 것을 말해요.

딱딱한 뼈 같은 것

가장 쉽게 화석화되는 것은 뼈와 이빨, 껍데기, 등딱지와 같은 생물의 딱딱한 부분이에요. 식물의 경우에는 나무줄기와 씨앗이 가장 쉽게 보존되지요. 생물의 부드러운 부분은 보통 청소 동물에게 먹히거나 미생물과 화학 물질, 기상 활동으로 분해돼요. **캄브리아기 대폭발** 시기 이전의 화석이 거의 없는 이유 중 하나는 이때 많은 생물의 몸이 쉽게 사라지는 부드러운 몸이었기 때문이지요.

화학 물질의 교환

대개 화석은 뼛속의 한 화학 물질이 오랜 세월에 걸쳐 천천히 진행되는 화학 반응을 통해 다른 화학 물질과 교환될 때 형성돼요. 가장 좋은 화석은 어떤 생물이 죽자마자 묻혔을 때 만들어지지요. 몸 일부가 다른 동물에게 끌려가거나 물에 휩쓸리거나 부러지는 일 없이 말이에요. 퇴적물이 몸 위로 떨어지고 오랜 세월 동안 눌리면 마침내 안에 생물이 갇힌 암석이 형성된답니다.

누가 여기에 있었을까?

모든 화석이 생물의 몸으로 이루어진 것은 아니에요. 흔적 화석에는 생물이 남긴 흔적이 보존되어 있지요. 흔적에는 발자국과 꼬리를 끈 흔적, 동물이 만든 구멍과 굴, 둥지 같은 것들이 있어요. 우리는 가끔 화석을 통해 동물이 어떻게 행동했는지 알 수 있고, 과학자들은 현대 생명체들이 이들과 얼마나 비슷하게 사는지를 보고 꽤 그럴듯한 추측도 할 수 있지만, 이 세상에는 우리가 결코 알지 못할 것들도 많이 있답니다.

발견한 것보다 잃은 게 더 많아요

지금까지 살았던 생물 중 화석이 된 것은 아주 드물어요. 형성된 화석 중 발견되었거나 발견될 화석도 아주 드물지요. 우리가 화석을 발견하려면, 화석이 지질학적 활동(지각의 암석 이동)으로 지표면 근처까지 올라와야 해요. 현재 땅속 깊은 곳이나 도시 아래, 바다 밑바닥에는 우리가 결코 보지 못할 셀 수 없이 많은 화석이 숨어 있을 거예요.

공백기에 유의하세요

화석 기록을 보면 과학자들이 화석을 거의 발견하지 못한 공백기가 있어요. 양서류가 진화 중이던 바로 그 시점에 공백이 존재하지요. 틱타알릭의 화석이 발견되었던 2004년은 육지로 올라오는 중이던 '육기어류'의 화석이 처음으로 발견된 때였어요. 공백기는 그 시기에 생물이 살지 않았다는 뜻이 아니에요. 단지 우리가 화석을 발견하지 못한 것뿐이지요.

43

암울한 시기

약 2억 5,200만 년 전인 페름기 말, 육지는 거대한 절지동물과 큰 육상 동물의 서식지였던 숲으로 덮여 있었어요. 바다에는 물고기와 삼엽충, 암모나이트가 가득했고, 늪에는 크고 작은 양서류가 살았지요. 하지만 그러다 무슨 일인가가 생겼어요. 바로 역사상 최악의 **대멸종 사건** 중 하나가 벌어지면서 모든 동식물의 90~95%가 사라진 것이지요.

엄청난 재앙

이후 최대 100만 년 동안 지구는 재난으로 완전히 파괴된 상태였어요. 정확히 무슨 일이 있었는지는 아무도 몰라요. 아마 커다란 소행성이 지구와 충돌했거나, 화산이 수십만 년간 폭발했거나, 바다와 공기 중에 독성 물질이 쌓였을 거예요. 또 먼지가 햇빛을 차단하면서 기후가 변화하자, 이산화탄소가 지구 표면 근처에 열을 가두면서 기온이 상승했을 거예요.

모스콥스

살아남기 위한 몸

단궁류인 모스콥스는 몸이 다부졌고, 다리는 옆으로 튀어나와 있었으며, 가슴은 가운데가 불룩한 통 모양이었어요. 이들에게는 큰 내장이 있었는데, 내장안의 미생물은 질긴 식물이 분해되는 것을 도왔지요. 몸길이 2.5m의 모스콥스는 최대 10cm 두께의 두개골과 싸울 때 상대방을 머리로 들이받기에 좋은 목뼈를 갖고 있었어요.

굶주림과 포식

햇빛이 차단되어 기온이 떨어지면 생물은 큰 고통을 겪어요. 빛이 없으면 식물은 광합성을 할 수 없어서 죽게 되지요. 그러면 초식동물의 먹이가 없어져서 초식동물도 죽어요. 이어서 초식동물을 먹는 육식 동물도 죽지요. 청소 동물은 사체를 먹는데, 사체가 부족해지면 청소 동물도 죽어요. 참 슬프죠! 하지만 미생물과 균류는 남겨진 것들을 분해해요. 화석화된 많은 양의 균류를 보면 이들이 2억 5,200만 년 전에 아주 많은 먹이를 먹었음을 알 수 있지요.

위기에서 살아남은 생물들

대재앙 이후에는 살아남은 극소수의 생물만이 재빨리 환경에 적응해 살 곳과 물, 먹이를 여유롭게 누렸어요. 포식자로부터의 자유는 새로운 종들이 정착하는 데도 도움이 되었지요. 미생물이 만든 새로운 토양 덕분에 살아남은 씨앗들은 공기가 깨끗해졌을 때 싹을 틔울 수 있었어요.
대멸종 사건 이후 새로운 종들이 수십 년 동안 빠르게 진화했어요. 커다란 양서류와 파충류 대부분이 사라지고, 그 자리는 새로운 종류의 동물인 공룡이 대신하게 되었지요.

재앙을 딛고 일어서기

대재앙의 혜택을 받는 존재는 항상 있게 마련이지요. 진화 과학에서 이들은 '개척자 생물'로 불려요. 페름기 말 이후 가장 중요한 생물 중 하나는 식물을 먹는 단궁류 리스트로사우루스였어요. 크기가 양치기 개만했던 이 동물에게는 큰 엄니가 있었는데, 이 엄니로 뿌리를 캐거나 굴을 판 것으로 보여요. 리스트로사우루스의 화석은 대멸종 이후의 시기에서 가장 흔하게 보이는 화석 중의 하나지요.

리스트로사우루스

공룡과 그 친구들

페름기 말, 단 5%의 생물 종만이 대멸종 사건에서 살아남았지만, 그 이후(트라이아스기)에 세상은 땅 위에도, 바닷속에도, 심지어 공기 중에도 새로운 생명체로 가득 차게 되었어요.

이때 주룡류라는 새로운 파충류가 진화했는데, 주룡류는 공룡과 지금의 악어, 도마뱀, 뱀과 같은 파충류의 조상이에요. 파충류는 물속으로 돌아갔고, 그중에는 공중으로 간 파충류도 있었어요. 포유류와 비슷한 파충류는요? 이들은 사라지진 않았지만, 덩치가 훨씬 작아졌고 다른 동물들이 살지 않는 굴이나 나무 꼭대기 같은 아주 좁은 곳에서 살았어요. 곧 이들의 시대가 올 것이었지만, 아직은 아니었지요. 우선, 지구상을 걸었던 동물 중 가장 큰 동물이 1억 5천 만 년 이상 이 땅을 지배했어요.

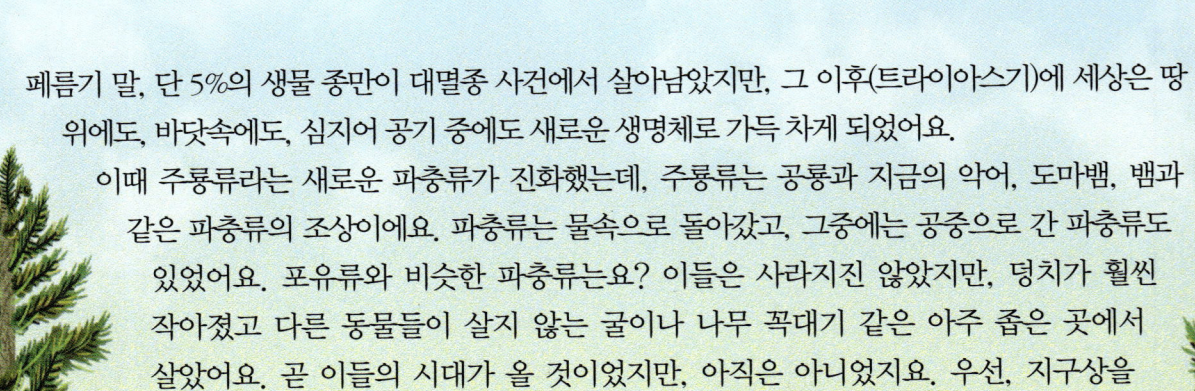

7,600만 년 전 북아메리카, 시계 방향으로 위에서부터
프테라노돈, 그리포사우루스 모뉴멘텐시스, 코리토사우루스
카수아리우스, 파노플로사우루스

다시 바다로 간 동물들

육지와 마찬가지로 바닷속에 살던 생물도 페름기 말에 대부분 멸종했어요. 바다에는 새로운 생물을 위한 자리가 충분했기 때문에 육상 동물 중 일부는 바다로 돌아가기도 했지요.

플레시오사우루스

거꾸로 가는 진화

동물들은 자신의 몸을 바꿔 육지 생활에 적응했었어요. 물렁물렁한 지느러미는 관절이 있는 팔꿈치와 무릎, 그리고 움직일 수 있는 손가락과 발가락이 달린 단단한 사지가 되었지요. 몸은 덤불을 헤쳐 나가고 열과 수분을 보존할 수 있도록 다부진 형태로 자라났고요. 파충류가 바다로 돌아왔을 때, 이들은 다시 물에 적응했어요. 다리는 또 지느러미와 같아졌고, 몸과 머리는 유선형으로 자랐지요.

심보스폰딜루스

살아 있는 새끼 출산

모든 양서류와 육지로 올라간 파충류 대부분은 알을 낳았어요. 하지만 해양 파충류는 새끼를 낳았지요. 아마 새끼 출산은 다른 파충류 종에서 100번 이상 따로 진화했을 거예요.

물고기 같지만, 아니에요

어류와 가장 비슷한 파충류는 이크티오사우루스였어요. 이크티오사우루스는 심보스폰딜루스에서 진화했지요. 심보스폰딜루스의 사지는 마치 노처럼 보이지만, 이때는 진화가 진행 중인 상태였어요. 나중에 이크티오사우루스에게는 등에 물살을 가르는 데 도움이 되는 지느러미(등지느러미)와 이동하는 데 도움이 되는 갈라진 꼬리가 생겼지요. 이들의 생김새는 지금의 돌고래와 비슷해요. 돌고래처럼 이들도 숨을 쉬기 위해 바다 표면으로 올라와야 했어요. 2억 5백만 년 전까지 이들은 점점 더 크게 자라서 어떤 것은 덩치가 거의 대왕고래만 했지요.

이크티오사우루스

길고 짧은 목

꼭 물고기처럼 생겨야 물에서 생활하기에 적합한 것은 아니었어요. 플레시오사우루스과와 플리오사우루스과는 어류라기보다는 물에 사는 공룡에 더 가까웠지만, 유선형 몸을 갖고 있었지요. 플레시오사우루스과는 목이 길고 머리가 작았어요(엘라스모사우루스의 경우에는 목이 엄청나게 길었어요). 리오플레우로돈과 같은 사나운 플리오사우루스과는 머리가 크고 목이 짧아서 생김새가 악어와 비슷했지요.

엘라스모사우루스

리오플레우로돈

새로운 파충류의 출현

새로운 종류의 해양 파충류였던 모사사우루스는 약 1억 년 전에 나타나 다른 생물들이 죽은 자리를 차지했어요. 이들은 육지로 갔다 바다로 다시 돌아온 새로운 파충류에서 진화했지요. 때로 바다의 티렉스라 불리는 이들은 바다에 살았던 동물 중 가장 위험한 동물에 속해요. 덩치가 작은 것들은 오징어와 물고기를 먹었지만, 덩치가 큰 것들은 바닷새와 상어, 그리고 다른 모사사우루스까지 먹었지요. 이들은 뱀처럼 턱을 벌릴 수 있어서 커다란 먹이도 통째 삼킬 수 있었답니다.

모사사우루스

신기하게 닮은 꼴

해양 파충류는 유선형 몸과 지느러미, 갈라진 꼬리를 발달시켰어요. 덕분에 이들은 물에서 쉽게 이동할 수 있었는데, 물고기도 이러한 특징을 갖고 있지요. 생물은 서로 같은 문제와 어려움에 직면했을 때 대개 비슷한 방식으로 진화해요. 우리는 이것을 평행 진화라고 하지요.

계속해서 헤엄치기

물고기는 어뢰나 리본처럼 생긴 조상에서 진화했어요. 물고기는 처음에 다리도, 튀어나온 귀도, 심지어 지느러미도 없어서 물속에서 이동하는 것이 전혀 힘들지 않았어요. 이들은 진화 과정에서 유선형의 몸은 유지했지만, 제어와 속도를 위해 지느러미와 꼬리를 더했지요.

바다표범

플리오사우루스

크로노사우루스

큰돌고래

물에 적합한 몸

나중에 동물들이 육지에서 바다로 돌아왔을 때, 이들이 필요한 것은 바뀌었어요. 공기 중에서 동물은 튼튼한 뼈와 근육으로 자신을 떠받쳐줄 몸이 필요했지요. 하지만 바다에서는 물 자체가 동물을 떠받치지요. 동물은 공기 중에서 쉽게 이동할 수 있지만, 바다에서는 더 많은 노력을 해야 해요. 유선형 몸은 이럴 때 도움이 되지요. 육상 동물들은 좀 더 쉽게 이동하기 위해 사지를 지느러미로 바꾸고 털이나 깃털을 없애는 식으로 몸의 형태를 바꾸며 물속 생활에 적응했어요. 해양 파충류, 돌고래와 바다표범 같은 해양 포유류, 펭귄과 같은 바닷새 모두 이와 비슷한 방식으로 각각 진화해왔답니다.

공중과 바다를 날아다녀요

날아다니는 동물은 아주 다양해요. 새와 박쥐, 곤충, 익룡(멸종된 비행 파충류), 심지어 '날으는' 물고기도 있지요. 비행 능력을 모두 따로 진화시켜온 이들은 평행 진화의 또 다른 예를 보여준다고 할 수 있어요. 그런데 동물들은 모두 같은 식으로 날지 않아요. 어떤 동물은 피부막을 펼쳐 미끄러지듯 날고, 새와 곤충, 박쥐는 날개를 퍼덕거리며 날아요. 독수리는 기류를 타며 땅 위로 높이 솟구쳐 오르지요. 어떤 동물은 물속을 '날기'도 해요. 가오리는 '날개'를 위아래로 천천히 펄럭이며 물속을 이동하지요.

푸른 모르포나비

벌새

펭귄

가오리

알아두세요!

평행 진화는 생물이 행동하는 방식에서도 나타나요. 어떤 물고기들은 거대한 떼를 지어 대형을 유지하고 방향도 부드럽게 바꾸며 헤엄쳐 다녀요. 하늘에서는 새들이 마치 물고기 떼처럼 서로 무리를 지어 함께 날아다니지요.

상어

새롭게 떠오르는 공룡

파충류 중에는 바다로 돌아온 파충류도 있었지만, 육지에 남은 파충류도 있었어요. 이들은 빠른 속도로 점점 더 다양해졌지요.

서로 나뉘어 정복

리스트로사우루스와 같이 생존한 파충류는 전 세계로 퍼져나갔어요. 이때는 모든 땅이 판게아라는 하나의 거대한 대륙으로 되어있었기 때문에, 다른 지역으로 이동하기가 쉬웠지요. 그리고 5백만 년 이내에 주룡류(지배 파충류)가 진화했어요. 주룡류에서 진화한 한 무리는 나중에 공룡과 새가 되었고, 다른 한 무리는 악어류(악어처럼 생긴 파충류)가 되었지요.

→ 리스트로사우루스

원시 조류와 원시 악어류

새와 닮은 무리는 체구가 작고 빨랐어요. 최초의 공룡들은 이 무리에 속했지요. 원시 공룡 중 하나인 헤레라사우루스도 여기에 속해요(2억 2,800만 년 전). 곧이어 코엘로피시스 같은 빨리 달리는 육식공룡과 에오쿠르소르 같은 초식 공룡도 나타났어요. 식물을 먹는 공룡은 조반류(입이 부리 모양이고 나중에 다양한 크기와 형태로 진화한 공룡)가 되었지요. 다음으로 나타난 용각류는 몸집이 크고 느렸어요. 몸길이가 최대 10m에 달했던 리오자사우루스와 플라테오사우루스는 거대한 쥐라기 후기 용각류인 디플로도쿠스와 마찬가지로 네 발로 걸었답니다.

→ 리오자사우루스

→ 헤레라사우루스

← 코엘로피시스

↙ 에오쿠르소르

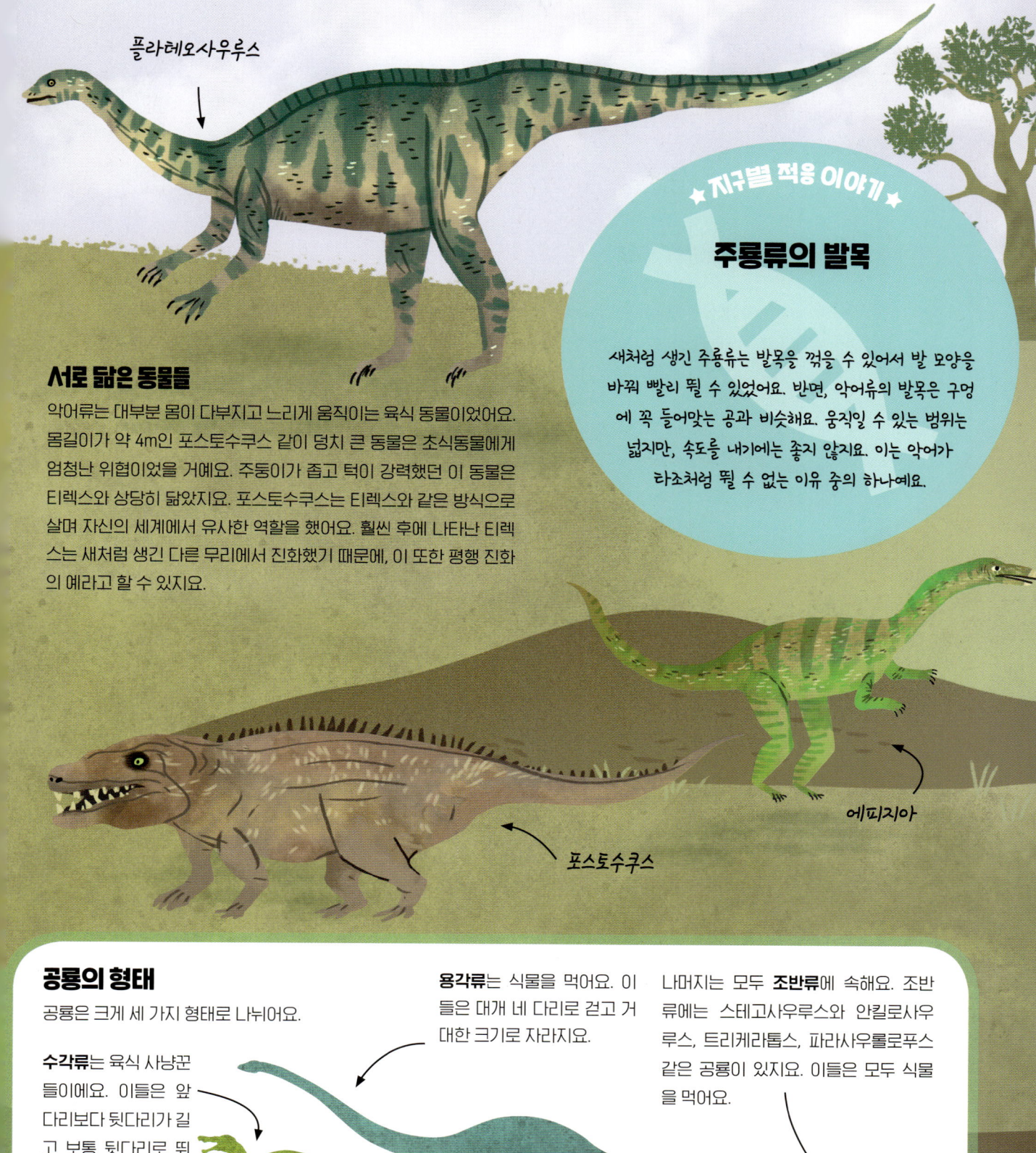

플라테오사우루스

★ 지구별 적응 이야기 ★
주룡류의 발목

새처럼 생긴 주룡류는 발목을 꺾을 수 있어서 발 모양을 바꿔 빨리 뛸 수 있었어요. 반면, 악어류의 발목은 구멍에 꼭 들어맞는 공과 비슷해요. 움직일 수 있는 범위는 넓지만, 속도를 내기에는 좋지 않지요. 이는 악어가 타조처럼 뛸 수 없는 이유 중의 하나예요.

서로 닮은 동물들

악어류는 대부분 몸이 다부지고 느리게 움직이는 육식 동물이었어요. 몸길이가 약 4m인 포스토수쿠스 같이 덩치 큰 동물은 초식동물에게 엄청난 위협이었을 거예요. 주둥이가 좁고 턱이 강력했던 이 동물은 티렉스와 상당히 닮았지요. 포스토수쿠스는 티렉스와 같은 방식으로 살며 자신의 세계에서 유사한 역할을 했어요. 훨씬 후에 나타난 티렉스는 새처럼 생긴 다른 무리에서 진화했기 때문에, 이 또한 평행 진화의 예라고 할 수 있지요.

에피지아

포스토수쿠스

공룡의 형태

공룡은 크게 세 가지 형태로 나뉘어요.

수각류는 육식 사냥꾼들이에요. 이들은 앞다리보다 뒷다리가 길고 보통 뒷다리로 뛰어요.

용각류는 식물을 먹어요. 이들은 대개 네 다리로 걷고 거대한 크기로 자라지요.

나머지는 모두 **조반류**에 속해요. 조반류에는 스테고사우루스와 안킬로사우루스, 트리케라톱스, 파라사우롤로푸스 같은 공룡이 있지요. 이들은 모두 식물을 먹어요.

53

거대 공룡의 시대

공룡은 처음에는 그렇게 크지 않았지만, 계속해서 크게 자랐어요. 쥐라기 중기(2억 년 전~1억 4,500만 년 전)의 용각류는 지구상에 살았던 동물 중 가장 덩치가 컸지요.

왜 이렇게 클까?

용각류는 세계 곳곳에서 몇 번이나 반복해 엄청난 크기로 자랐고, 큰 덩치는 분명히 생존에 큰 도움이 됐을 거예요. 이는 용각류가 가진 몇 가지 특징 때문에 가능했지요. 용각류의 뼈와 몸에는 공기층이 있었는데, 이 공기층 덕분에 이들은 덩치에 비해 몸이 가벼워질 수 있었고, 자신의 체중을 감당할 수 없을 정도로 무거워지지 않고 더 크게 자랄 수 있었어요. 또, 긴 목을 보면 이들이 다른 동물들은 닿지 못하는 먹이에 닿을 수 있었음을 알 수 있지요. 게다가 머리도 작아서 긴 목이 쉽게 머리를 지탱할 수 있었어요. 이들은 나뭇잎과 작은 가지들을 뜯어 씹지도 않고 삼켰기 때문에 빠른 속도로 많은 양을 먹을 수 있었어요. 커진 덩치는 이들에게 유리하게 작용했지요. 이들은 더 높은 곳의 먹이를 먹을 수 있었고, 육식 공룡들의 공격을 받기에는 덩치가 너무 컸어요.

크게, 더 크게, 가장 크게

용각류는 처음에 크기가 꽤 작았어요. 리오자사우루스는 몸길이가 겨우 10m에 불과했지요. 하지만 그래도 10m는 버스만 한 크기에요. 시간이 지나면서 이들의 덩치는 더욱 커졌어요. 카마라사우루스는 15m까지, 아파토사우루스는 22m까지 자랐어요. 디플로도쿠스는 22m쯤 되었고, 아르헨티노사우루스는 자그마치 37m까지 자랐지요. 그런데 아르헨티노사우루스도 가장 큰 공룡이 아니었을 수 있답니다!

아파토사우루스

카마라사우루스

마기아로사우루스

54

네 발은 괜찮지만, 두 발은 안 돼요

큰 몸에는 큰 지지력이 필요해요. 덩치가 큰 용각류는 네 발로 땅을 단단히 디뎠지요. 몇몇 덩치가 좀 작은 용각류는 더 높은 나무에 닿으려고 어쩌다 두 발로 설 때도 있었지만, 아주 커다란 용각류는 그렇게 하지 못했어요(그럴 필요도 없었지만요). 트리케라톱스와 안킬로사우루스 같은 다른 크고 무거운 공룡들도 네 다리로 걸었어요. 하지만 티렉스의 경우는 덩치가 크긴 해도 용각류보다는 훨씬 작았지요. 티렉스는 뒷다리가 엄청 커서 두 다리로 자신의 무게를 전부 지탱할 수 있었어요. 거의 모든 수각류는 두 발로 걸었답니다.

★ 지구별 적응 이야기 ★
용각류의 먹이

용각류가 모두 똑같은 먹이를 먹었다면, 먹이는 이들이 모두 먹을 만큼 충분하지 않았을 거예요. 이들은 종마다 각기 다른 식물을 먹었고, 먹이에 따라 입과 이빨 모양이 서로 달랐지요. 어떤 용각류는 나뭇가지에서 잎을 뜯어낼 때 못처럼 생긴 이빨을 빗처럼 사용했어요. 또 다른 용각류는 끝이 날카로운 좀 더 넓적한 이빨로 나뭇가지를 뜯어먹었지요.

아르헨티노사우루스

디플로도쿠스

대륙의 이동

땅은 한 곳에 가만히 있지 않았어요. 땅은 서서히 움직이면서 분리되었다가 오랜 시간에 걸쳐 다시 합쳐지기를 반복했지요. 페름기 말, 모든 땅은 **판게아**라는 하나의 대륙으로 합쳐졌어요. 이는 지구상의 생물이 전 세계로 퍼져나갈 수 있었음을 의미하지요.

떠 있는 땅

지구 표면은 뜨거운 반액체 상태의 매우 두꺼운 바위층(마그마) 위에 떠 있는 단단한 바위 껍질과 같아요. 이 껍질은 지각판이라는 덩어리로 분리되지요. 이 판들은 그림 맞추기 퍼즐의 조각들처럼 서로 잘 맞아요. 마그마는 이 판들을 움직여 대륙을 이동시켰지요. 하지만 마그마의 흐름 때문에 판들이 모두 함께 움직이는 것은 아니에요. 수억 년이 넘는 세월 동안 땅은 커다란 바다로 둘러싸인 하나의 큰 대륙을 형성하기도 하고, 지금처럼 서로 연결된 바다로 둘러싸인 각각의 대륙으로 나뉘기도 하면서 그 모습을 바꿔 왔어요.

홀로 자라기

땅이 모두 하나로 이어지면, 동물과 식물들은 세계 곳곳으로 퍼져나갈 수 있어요. 하지만 땅이 분리되면, 대부분의 동식물은 넓은 바다를 건널 수 없지요. 지금은 오로지 새와 곤충, 작은 동물들만이 바람을 타고 이동하거나 바다 위에 떠 있는 물체를 이용해 다른 곳에서 오스트레일리아 대륙까지 갈 수 있어요. 땅이 갈라지면, 분리된 땅의 생물들은 각각 따로 진화해요. 그 결과는 섬에서 특히 두드러지게 나타나지요. 섬에서는 많은 생물이 본토 생물의 더 작은 버전으로 진화해요. 예를 들어, 섬에 살았던 용각류는 대체로 덩치가 꽤 작았어요. 섬에 살았던 용각류인 마기아로사우루스는 몸길이가 겨우 6m에 불과했지만, 육지의 거대한 용각류는 몸길이가 이들보다 5배나 더 길었지요.

가시 공룡들

스테고사우루스는 지금의 미국 서부에서 1억 6,300만 년~1억 년 전에 살았어요. 하지만 중국, 아프리카, 유럽에서도 다른 스테고사우루스들이 발견되었지요. 원시 스테고사우루스는 땅을 가로질러 다른 지역으로 갈 수 있었어요. 그러다 판게아가 1억 7,500만 년 전부터 갈라지기 시작하자, 서로 다른 대륙에서 오도 가도 못하게 된 스테고사우루스들은 각자 자신의 환경에 적응하며 따로 진화했지요.

스테고사우루스

켄트로사우루스

다센트루루스

위로, 위로, 더 멀리 올라간 익룡

파충류 중에는 바다로 돌아간 파충류도 있었지만, 하늘로 올라간 파충류도 있었어요. 익룡은 약 2억 2천 만 년~6,600만 년 전에 공룡과 같은 시대에 살았던 비행하는 주룡류였어요. 익룡은 새와 비슷하게 생겼지만, 새는 이들의 후손이 아니랍니다.

땅을 떠나 하늘을 날아다녔어요

익룡은 작고 민첩한 파충류에서 진화했어요. 익룡은 곤충 다음으로 날게 된 최초의 동물이었지요. 이들의 날개는 앞다리와 뒷다리 사이로 쫙 펼쳐진 비막으로 되어있었어요. 좀 더 길게 자란 네 번째 손가락이 날개를 지탱했고, 다른 손가락들은 날개 밖으로 튀어나와 있었지요. 익룡은 땅에서는 날개를 접은 채 사방으로 걸어 다녔어요.

익룡은 대부분 해안에 살며 물고기를 잡아먹었어요. 초기 디모르포돈은 머리가 컸고, 부리는 오늘날의 바다오리와 비슷했어요. 그래서 아마 지금의 바다오리처럼 바다 표면에서 물고기를 낚아챘을 거예요. 이보다 약간 컸던 람포린쿠스는 무섭게 보이는 뾰족한 이빨을 갖고 있었는데, 이 이빨로 물고기를 자신의 좁은 부리에 꽉 물고 있을 수 있었지요.

람포린쿠스

프레로닥틸루스

안항구에라

디모르포돈

머리와 꼬리

익룡은 성공적으로 진화해 1억 5천 만 년 동안 다양한 익룡들이 출현했어요. 투판닥틸루스와 투푹수아라 같은 익룡들은 소철류의 열매를 먹으며 육지에서 살았지요.

초기 익룡들은 꼬리가 길었지만, 나중에 나타난 익룡 대부분은 꼬리가 없었어요. 프테로닥틸루스는 꼬리가 짧았고, 목이 좀 더 길었으며, 볏이 작았지요.

새만한 크기에서 비행기만한 크기까지 자란 익룡

익룡은 점점 더 크게 자라 가장 큰 익룡은 날개 길이가 작은 비행기만 했어요. 거대한 프테라노돈은 지금의 알바트로스와 비슷하게 살았지요. 날개 길이가 6m였던 프테라노돈은 땅 위에 잘 내려앉지 않고 대개 이빨 없는 부리로 물고기를 잡으며 바다에서 지냈어요. 아마 이들 무리는 얕은 바다 위를 미끄러지듯 날았을 거예요. 가장 큰 익룡은 정말 무시무시했지요. 날개 길이가 자그마치 12m에 달했던 케찰코아틀루스는 육지를 걸어 다니며 다른 공룡들을 잡아먹었고, 익룡 중 덩치가 가장 컸답니다. 머리 크기만 해도 그 크기가 웬만한 사람보다 더 컸지요.

프테라노돈

투푹수아라

투판닥틸루스

★ 진화 미스터리 ★
익룡의 날개

익룡의 날개는 자세히 보면 신기해요. 이들의 날개는 뒷다리의 발목이나 무릎, 심지어 엉덩이까지 이어져 있었던 것으로 보여요. 박쥐도 비슷하게 날개를 진화시켜왔는데, 박쥐의 날개는 뒷다리의 발목까지 이어지고, 보통 꼬리까지도 이어지지요.

점점 문제가 된 볏

볏은 점점 더 커지고 화려해졌어요. 어떤 익룡은 성가실 정도로 큰 볏을 갖고 있었지요. 날개 길이가 5.5m였던 투판닥틸루스는 볏 때문에 고생 좀 했을 거예요.

미미한 시작

거대한 공룡들과 함께 그보다 훨씬 작은 생물들도 조용히 그들만의 공간을 만들어 나갔어요. 이 생물들이 나중에 포유류가 되었는데, 그중 인간은 최근의 포유류에 속하지요. 포유류는 나무나 땅 밑에 사는 설치류 같은 작은 동물에서 시작되었어요.

빠르고 털이 있었어요

포유류는 견치류라는 포유류 비슷한 파충류 무리에서 진화했어요. 시간이 흐르면서 이들은 체온을 따뜻하게 유지하고, 털이 생기고, 새끼에게 젖을 먹이는 등 포유류만의 특징을 발달시켰지요. 온혈동물은 체온을 일정하게 유지할 수 있어서 몸을 데워줄 해가 필요하지 않았어요. 이는 초기 포유류가 포식자가 잠든 서늘한 밤에 활동할 수 있었음을 의미하지요.

최초의 포유류는 곤충과 작은 도마뱀, 공룡에게 너무 작은 동물을 먹었고, 절지동물을 제외하고는 나무 꼭대기에서 산 최초의 동물이었어요.

크기가 커다란 개만 했던 레페노마무스는 1억 2,500만 년 전 중국에서 살며 아주 작은 공룡들을 먹었어요.

진화 전문가

진화에 성공한 동물은 스스로 자신에게 꼭 맞는 공간을 잘 찾아요. 이를테면, 살만한 곳과 먹을 것이 있고, 상황에 맞는 생활환경이 갖춰진 자신들만의 공간이지요. 초기 포유류는 다양한 방법으로 진화해 이러한 공간을 확보했어요. 많은 포유류가 훨씬 후대의 동물에서 독립적으로 진화된 특징을 갖고 있었지요.

모르가누코돈은 파충류에서나 볼 수 있는 턱을 갖고 있었기 때문에 완전한 포유류라고는 할 수 없어요. 2억 5백만 년 전에 살았던 이들은 곤충을 먹었고, 아마 털이 있었을 것이고, 껍데기가 질긴 알을 낳았어요.

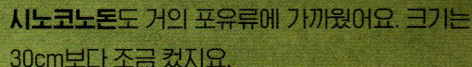

시노코노돈도 거의 포유류에 가까웠어요. 크기는 30cm보다 조금 컸지요.

크기가 쥐만 했던 **볼라티코테리움**은 지금의 날다람쥐처럼 팔다리 사이의 털로 덮인 비막을 펼쳐 미끄러지듯 날았어요.

1억 6,000만 년 전 **주라마이아**는 곤충과 벌레를 잡아먹으며 포식자를 피할 수 있는 나무 위에서 살았어요. 주라마이아는 태반이 있는 초기 포유류였지요(아래를 보세요).

프루타포소르는 흰개미만 먹었던 최초의 동물이에요. 지금의 개미핥기처럼 이들에게도 흰개미 집을 파기 위한 튼튼한 앞다리가 있었어요.

카스토로카우다는 자신에게 꼭 맞는 장소를 찾아냈어요. 이 동물은 지금의 수달처럼 물속에서 물고기를 잡았지요.

좀 더 최근의 포유류인 **스피놀레스테스**는 털과 척추가 모두 있었어요. 이들은 고슴도치와 척추 구조가 같았지요.

주머니 속의 새끼

포유류 대부분은 새끼를 낳는 태반 포유류예요. 새끼는 엄마의 몸 안에 있는 태반이라는 기관에서 자라는데, 이 태반은 특히 새끼를 기를 목적으로 발달한 것이지요. 한편 오리너구리는 알을 낳는 단공류라는 다른 포유류에 속해요. 또, 아주 작은 새끼를 낳는 유대류라는 포유류도 있는데, 이들의 새끼는 엄마 몸에 있는 주머니 안으로 들어가 그 속에서 자라요. 현대 유대류에는 캥거루와 코알라, 웜뱃이 있답니다.

하늘을 나는 공룡

익룡은 처음으로 하늘을 난 척추동물이었지만, 곧 새들과 하늘을 공유해야 했어요. 새는 수각류 공룡에서 진화했으므로, 아직까지도 살아 있는 유일한 공룡의 후손이라고 할 수 있지요.

깃털이 있지만 날지 못했어요

많은 수각류가 깃털을 갖고 있었어요. 티렉스도 커서는 깃털이 없었다 해도 어렸을 때는 솜털이 있었을 거예요.

원래 깃털은 공룡이 체온을 따뜻하게 유지하도록 도왔어요. 이는 특히 몸길이가 겨우 1m인 안키오르니스처럼 열을 빨리 빼앗기는 작은 공룡에게 도움이 되었지요. 만약 이 공룡들이 냉혈동물이었다면, 냉혈동물은 날이 따뜻할 때만 활동할 수 있기 때문에 몸에 열을 가두는 것이 중요했을 거예요. 몸을 따뜻하게 유지할 수 있다는 것은 공기가 차가워져도 이들이 더 오래 사냥할 수 있었음을 뜻하지요.

완전히 깃털로 뒤덮인 안키오르니스는 뒷다리에 긴 깃털이 달려서 마치 날개가 네 개인 것처럼 보여요. 하지만 앞날개가 날기에는 좋은 모양이 아니었기 때문에 아마도 날기보다는 땅 위를 뛰어다녔을 거예요. 또, 뛰어다닐 때는 속도를 내기 위해 미끄러지듯 달리거나 날개를 퍼덕거렸을 거예요.

시조새

시노르니토사우루스

안키오르니스

이빨과 꼬리

깃털 달린 공룡이 새와 상당히 비슷해 보이긴 하지만, 이들 사이에는 중요한 차이가 있어요. 공룡과 새의 중간 단계에 해당하는 시조새도 오늘날의 새와 많은 차이가 있지요. 지금의 새는 몸의 끝부분에 꽁지깃만 달려 있지만, 시조새는 꼬리에 뼈가 있었어요. 또 지금의 새는 이빨 없이 부리만 있지만, 시조새는 턱에 이빨이 있었지요. 시조새는 날개에 발톱이 달린 발가락이 있었는데, 이 발가락으로 먹이를 잡거나 나무를 붙잡았어요.

홍금강앵무

공작새는 부리를 가진 최초의 새였어요.

날지 못하는 큰 새들

초기의 새들은 우리가 알기로 모두 작았어요. 나중에 일부 새들이 훨씬 크게 자라긴 했지만, 날진 못했을 거예요. 지금 우리 주위에도 타조와 에뮤 같은 날지 못하는 새들이 있지요. 이 새들은 그들의 조상인 공룡과 정말 많이 닮았어요.

진정한 새로 거듭나기

진정한 새가 되기 위해 이들은 꼬리뼈와 이빨을 없애고, 적당한 부리를 발달시키고, 날개에 있는 발톱을 없애고, 발가락 중 하나의 방향을 바꿔야 했어요. 새는 한쪽 발가락이 뒤쪽을 향해 나 있어서 떨어지지 않고 나뭇가지에 앉아있을 수 있지요.

현대(신생대)의 시작

모든 생명에는 그것이 공룡이라 해도 끝이 있기 마련이에요. 공룡에게 멸종은 6,600만 년 전 거대한 소행성 혹은 혜성이 멕시코 근처의 바다에 떨어지면서 찾아왔어요. 이전의 대멸종 사건들과 마찬가지로, 이 대참사는 다른 생명체들이 기회를 잡을 수 있는 길을 열어주었지요.

포유류들은 굴과 둥지를 살금살금 빠져나와 공룡과 다른 파충류들이 사라진 공간을 차지했어요. 처음에 이들은 모두 작았지만, 곧 더 큰 포유류로 진화했지요. 포유류는 세계 곳곳으로 퍼져나갔고, 일부는 앞서 파충류들이 그랬던 것처럼 바다로 돌아가 고래와 돌고래의 조상이 되었답니다.

공룡이 멸종된 지 약 500만 년 후, 또 다른 지각 대변동(빙하기)이 일어났어요. 우선 기후가 뜨거워지다가 다시 차가워지면서 약 3,400만 년 전, 남극대륙이 얼음으로 뒤덮였어요. 대륙들은 아메리카와 아시아에 거대한 산맥을 형성하며 지금의 위치로 이동했지요. 이 산들은 공기의 흐름을 변화시켜 더 많은 비를 내리게 했고, 그 결과 내륙의 환경도 변하기 시작했어요. 오늘날의 대륙과 기후, 생물은 지난 6천만 년 동안 만들어진 것이지요.

멸종을 맞이하게 된 공룡

쥐라기에는 몸집이 아주 큰 공룡들이 살았지만, 백악기에는 티라노사우루스 렉스, 트리케라톱스, 파라사우롤로푸스, 안킬로사우루스 같은 유명한 공룡들이 살았어요. 공룡들은 다양하고 다채로운 모습으로 번성했지만, 오래가지는 못했답니다.

배고픈 사냥꾼

육지의 최상위 포식자는 북아메리카의 티라노사우루스나 아시아의 타르보사우루스 같은 거대하고 포악한 수각류였어요. 수각류에는 아주 다양한 공룡이 있었지요. 빨리 달리기에 좋은 강력한 뒷다리와 날카로운 이빨이 가득한 좁은 주둥이의 조화는 큰 공룡을 쓰러뜨리거나 갓 부화한 작은 공룡과 도마뱀, 포유류를 낚아채는 데 아주 효과적이었어요. 벨로키랍토르와 데이노니쿠스는 몸길이가 겨우 2~3m에 불과했지만, 이들의 작은 체구는 먹잇감을 쫓아 물어뜯기에 매우 적합했지요.

티라노사우루스 렉스

스피노사우루스는 몸길이가 18m로 티렉스보다도 컸지만, 땅에 사는 동물을 겁주는 대신 물속에서 사냥을 즐겼어요. 스피노사우루스의 주둥이는 유난히 길면서 좁았고, 이빨은 티렉스의 날카로운 톱니 모양보다는 악어의 이빨처럼 매끈한 편이었지요. 아마 이들은 물가에 서서 왜가리 같은 동물을 기다리거나 강에서 헤엄을 쳤을 거예요. 아니면 둘 다였을 수도요.

살아남기 위한 최후의 방패

초식공룡들은 무시무시한 포식자에게 잡아먹히지 않기 위해 다양한 방법으로 진화했어요. 몸이 무겁고 다부졌던 트리케라톱스는 날카로운 뿔로 가장 질긴 공룡의 가죽도 뚫을 수 있었지요.

← 트리케라톱스

파라사우롤로푸스는 달리기를 아주 잘 했어요. 아마 티렉스보다도 빨랐을걸요. 이들은 무리를 지어 살며 배고픈 수각류의 먹이가 될 위험을 줄였어요.

딱딱한 가시와 골판으로 덮여 있었던 **안킬로사우루스**는 포식자가 가까이 다가오면 곤봉 같은 꼬리뼈를 옆으로 휘둘러 내려쳤어요.

★ 진화 미스터리 ★
테리지노사우루스

긴 발톱이 휘어진 칼처럼 생긴 테리지노사우루스는 무서워 보이지만, 초식공룡이었을 것으로 짐작돼요. 이 발톱이 어디에 쓰였는지는 아무도 모르지만, 아마 나뭇가지를 잡아당겨 잎을 우적우적 씹어먹거나 포식자에게서 자신을 보호하기 위한 것이었을 거예요.

← 테리지노사우루스

시간이 다 됐어요

멕시코 해안 근처에 있는 수중 분화구는 6,600만 년 전에 소행성이나 혜성이 지구와 충돌하면서 생긴 것이에요. 이때 죽은 생물은 공룡만이 아니었어요. 하지만 모든 생물이 죽은 것도 아니었지요. 새, 거북이, 작은 포유류, 절지동물, 커다란 바다 생물들, 그리고 많은 식물이 살아남았어요. 이들은 곧 세상을 차지하게 되지요.

67

공룡 이후의 시대

생존을 위해 생물들은 당장 닥친 위험과 재난이 미친 영향을 모두 극복하며 살아야 했어요. 예를 들면 산성비와 들불, 대기를 차단한 먼지 같은 것이었지요. 처음에는 먼지와 연기가 해를 가려 추웠지만, 나중에는 이산화탄소가 지구 표면 근처에 열을 가두면서 점점 더워졌어요.

숲속의 더운 날들

6천만 년에서 5천만 년 전, 세상은 점점(가끔은 급격히) 더워져 갔어요. 바다는 따뜻했고, 극지방의 얼음이 녹았지요. 그러면서 해수면이 올라갔고 많은 비가 내렸어요. 열대우림이 대부분의 세상을 덮었지요. 그리고 덥고 습한 환경에 적응한 동식물이 번성했어요.

급격한 기후 변화

더위와 충분한 물은 식물에 좋게 작용해요. 아졸라, 즉 물개구리밥 같은 식물이 얼음이 없던 북극 전역에 퍼져있었던 것을 보면 알 수 있지요. 그런데 이산화탄소를 흡수했던 식물이 죽으면서 퇴적물이 될 때, 이들이 흡수한 탄소도 같이 갇혔어요. 자연히 공기 중의 이산화탄소가 줄어들면서 기온이 떨어졌지요. 3,500만 년 전, 남극에는 다시 얼음이 얼었어요.

크기가 지금의 다람쥐만 했던 **디아코덱시스**는 덤불 속에서 살았어요. 아마 사슴처럼 달리거나 뛸 수 있었을 테지만, 긴 꼬리로 균형을 유지했을 거예요. 이들은 최초의 우제류(세 번째와 네 번째 발가락으로 걷는 돼지나 양 같은 동물)이지요.

물개구리밥이라고도 불리는 아졸라

여우원숭이처럼 생긴 **플레시아다피스**는 나무에서 살았어요. 이들은 가장 초기 영장류(사람, 고릴라, 원숭이 같은 동물 무리) 중 하나이지요.

파키세투스는 크기가 늑대만 했어요. 지금의 파키스탄이 된 숲과 해안에서 고기와 물고기를 먹으며 살았지요.

거대한 새 **가스토르니스**는 키가 거의 2m에 달했어요. 날지는 못했고, 아마 덤불 속을 성큼성큼 걸어 다니며 작은 포유류를 사냥하거나 튼튼한 부리로 과일과 큰 견과류를 쪼개 먹었을 거예요. 그런데 숲이 초원으로 변하면서 가스토르니스는 자취를 감추게 되었어요. 이들은 탁 트인 초원에서 커다란 포식자를 피할 수 있을 만큼 빨리 달리지 못했거든요.

프레스비오르니스는 키(1m)가 지금의 왜가리 만한 물새였어요. 현대 오리의 조상이지만, 오리보다 목과 다리가 훨씬 길었지요.

악어류는 대멸종 사건에서 잘 살아남았어요. 몸길이 3m의 **프리스티캄프수스** 같은 동물은 물 속에 가만히 있다가 물을 마시러 온 동물과 새를 잡아먹었지요.

바닷속으로 뛰어든 포유류

포유류들이 점점 더 커지고 다양해짐에 따라 일부 포유류는 바다로 돌아갔어요. 이들은 물에 살면서 숨을 쉬어야 하는 고래와 돌고래 같은 고래목 동물로 진화했지요.

파키세투스

고래와는 거리가 멀었던 생김새

파키세투스는 지금의 파키스탄이 된 강가를 돌아다니며 고기나 물고기를 먹고 살았어요. 털과 네 개의 다리, 긴 꼬리, 긴 주둥이가 있었던 이들은 평범한 육지 포유류처럼 보였지요. 하지만 이러한 특징들은 이들의 후손이 물로 돌아가면 진화할 것이었어요. 파키세투스는 고래의 가장 초기 조상이랍니다.

암불로세투스는 아직 육지에서 많은 시간을 보냈지만, 파키세투스보다 앞발이 짧았고 발가락에 헤엄치기 좋은 물갈퀴가 달려 있었어요. 이러한 변화 때문에 이들은 육지에서 달리는 것이 더욱 어렵게 되었지요. 물에 있는 것이 점점 더 편해지고 육지에서 사는 것이 힘들어지면서 이들은 물속에서 더 많은 시간을 보냈어요. 그러다 결국에는 물속 생활이 훨씬 더 잘 맞게 되었지요.

암불로세투스

로도세투스

로도세투스는 다음 단계의 동물이에요. 이들은 육지보다 바다에 더 잘 적응했어요. 커다란 몸이 물에 떴고, 사지는 그렇게 길 필요가 없었지요(하지만 발에 큰 물갈퀴가 달려 있었어요). 체온을 유지하기 위해 아직 지방층이 아닌 털이 있었고, 아마 수면 근처에서 헤엄쳤을 거예요.

도루돈은 앞서 나온 동물들보다 훨씬 더 고래와 비슷했어요. 몸길이가 5m에 달했던 도루돈의 몸은 매끈한 유선형이었지요. 사지가 아주 작은 지느러미로 변했고, 육지에서 균형을 잡기보다는 물속에서 방향을 잡기에 더 적합한 방향키 같은 꼬리가 있었어요. 이들은 바다 밑바닥 부근의 물고기를 잡아먹었고, (바다는 모두 연결되어 있으므로) 온 세상으로 퍼져나갔답니다.

대서양 병코돌고래

도루돈

도루돈은 콧구멍이 주둥이 끝과 머리 윗부분의 중간쯤에 있었어요. 현대 고래와 돌고래의 콧구멍은 머리 위에서 물을 뿜는 분수공으로 발전했지요. 지금의 고래는 소리를 낸 후 메아리를 듣고 어둡고 깊은 바다에서 길을 찾는 초음파 탐지를 해요. 하지만 도루돈은 이러한 일은 하지 못했답니다.

대왕고래

★ 지구별 적응 이야기 ★

이빨에서 고래수염으로

오늘날의 아주 큰 고래들은 이빨이 작거나 없어요. 이들은 입안의 빗처럼 생긴 유연한 고래수염으로 물을 걸러 먹이를 먹지요. 그래서 고래들은 먹이를 잡기 위해 힘을 거의 들이지 않고도 먹이 사슬의 밑바닥에 있는 아주 작은 생물들을 한 번에 대량으로 먹을 수 있어요. 덕분에 고래들은 더욱더 크게 자랄 수 있었지요.

풀과 잎을 뜯는 초식동물

세상이 추워지자, 열대우림은 삼림과 초원이 뒤섞인 모습으로 바뀌었어요. 풀은 처음에 공룡의 발밑에서 자라긴 했지만, 당시의 기후는 풀이 멀리 퍼지기에 적합하지 않았어요. 그러다 약 3천만 년 전 열대우림은 적도 부근에만 일부 남게 되었고, 초원이 그 자리를 대신하게 되었지요.

바닥에 난 풀 먹기

풀의 확산은 낮은 곳의 먹이를 먹는 동물들에게 좋았고 결과적으로 풀에도 좋았어요. 낮게 자라는 다른 식물들과 달리, 풀은 풀을 먹는 동물이 정기적으로 없애도 잘 살아남지요. 풀은 뿌리부터 퍼지고, 윗부분을 자르면 더 잘 자라요. 하지만 씨앗을 만들어야만 퍼지는 식물은 씨앗이 있는 부분이 잘리면 번식할 수 없지요.

어떤 식물이 다른 동물에게 먹힘으로써 이익을 얻는다는 것은 좀 이상하게 들릴 수도 있어요. 그런데 풀은 동물들에게 단지 윗부분만 먹혔을 뿐이지만, 풀과 경쟁했던 다른 낮게 자라는 식물들은 그냥 죽게 되었지요.

속도를 내는 무리들

말의 조상인 북아메리카의 메소히푸스와 유럽의 유로히푸스처럼 풀을 먹었던 초기 동물들은 덩치가 작았어요. 키가 60cm 정도밖에 안 됐던 이들은 하이에노돈과 같은 개처럼 생긴 포식자에게 손쉬운 먹잇감이었을 거예요. 초원은 숨을 곳이 없었기 때문에, 풀을 먹는 동물들은 생존을 위해 진화해야 했지요. 이들의 다리는 빨리 달리기 위해 길어졌어요. 그리고 대체로 무리를 지어 살게 되었지요. 무리를 지어 살면 포식자에게 잡힐 위험이 줄어들어요. 특히 무리 속에 숨는다면요. 포식자들은 가장 느리고 약한 동물을 잡아먹었으므로, 여기서 살아남은 강하고 빠른 동물들은 번식을 통해 더 크고, 강하고, 빠른 유전자를 후손에게 물려주었어요.

메소히푸스

유로히푸스

하이에노돈

파라세라테리움

덩치 큰 동물들

주로 잎을 먹는 엽식동물은 덤불과 나무에서 먹잇감을 구해요. 뜨거운 숲에 사는 동안 이들의 덩치는 점점 커졌는데, 여기에는 지금까지의 육상 포유류 중 가장 컸던 파라세라테리움이 포함되지요. 키가 5.5m, 몸길이는 8m에 달했던 이 동물은 아시아의 삼림지대에서 나뭇잎을 먹고 살았어요. 또, Y자 모양의 뿔이 달린 코뿔소처럼 생긴 메가세롭스는 북아메리카에서 낮게 자라는 식물을 먹고 살았어요. 이들의 몸과 이빨은 먹이가 있는 곳에 맞게 진화했지요. 하지만 숲이 줄어들고 초원이 펼쳐지면서 거대한 엽식동물도 점점 자취를 감추고 말았어요.

메가세롭스

★ 지구별 적응 이야기 ★
안녕, 발가락

말은 초기 유제류(발굽이 있는 동물) 중의 하나에요. 발굽은 발가락이 줄어들면서 진화한 것이지요. 초원이 펼쳐졌을 때, 건조하고 탁 트인 땅을 더욱 빠르게 달리기에는 발가락이 있는 평범한 발보다 발굽이 달린 발이 더 유리했어요. 말의 다리는 점점 길어졌고, 발가락은 마침내 하나의 발굽으로 발달해, 말은 포식자를 피할 수 있을 만큼 속도를 낼 수 있었어요. 부드럽고 습한 곳에서 말의 발가락은 분리되어 있었지요.

함께 하면 더 좋은 공생 관계

서로 도움을 주고받는 풀을 먹는 동물과 풀은 생물학자들이 **상리 공생**이라 부르는 관계에요. 이처럼 어떤 생물들은 서로에게서 이익을 얻으며 다른 생물과 함께 진화(공진화)하기도 해요. 꽃이 피는 식물은 자신을 수분시키는 곤충과 함께 진화했지요.

백악기의 튤립나무

트리케라톱스

예쁘기만 한 것이 아닌 꽃

꽃식물은 공룡이 아직 살아 있었던 백악기에 처음 나타났어요. 당시 흔했던 식물 중 일부는 예를 들면 목련류 관목 같은 약간 다른 형태로 아직 우리 주위에 남아있지요. 꽃이 나타나자 이어서 벌들도 함께 나타나기 시작했답니다.

꽃식물은 밑씨라 부르는 기관을 만드는데, 꽃은 이 밑씨가 꽃가루와 수정되어야 번식할 수 있어요. 그런데 꽃은 짝을 고르기 위해 돌아다닐 수 없기 때문에, 꽃가루를 밑씨로 데려올 다른 방법이 필요해요. 풀과 나무는 대부분 바람이 수분을 도와요. 꽃식물은 보통 곤충이 수분을 돕지요. 꽃과 곤충은 이 방법이 가능한 한 잘 통하도록 함께 진화해왔어요.

씨 뿌리기

수정된 꽃은 씨앗을 만들어 식물이 새로 자랄 수 있게 해요. 식물의 씨가 퍼지는 방법은 다양해요. 어떤 씨는 바람에 날려 퍼지고, 어떤 씨는 동물이 퍼뜨리기도 하지요. 씨는 대부분 동물이 먹는 과일 안에서 자라나요. 씨는 동물의 내장을 통과해 배설물로 나오는데, 이 배설물은 식물이 자라는 것을 도와주지요. 끈적이거나 뾰족한 식물의 씨앗은 동물이나 새의 몸에 달라붙어 퍼져요.

숲지빠귀

벌의 다리에는 '꽃가루 바구니'가 달려 있어요. 이 바구니에 꽃가루를 모아 벌집으로 운반하지만(벌의 먹이로 사용), 벌의 몸에는 식물을 수정시키기에 충분한 꽃가루가 묻어있답니다.

★ 지구별 적응 이야기 ★

긴 관에 맞는 긴 혀

벌과 꽃은 가끔 짝을 이루는 독특한 특징을 함께 진화시키기도 해요. 예를 들어 어떤 벌은 아주 긴 혀를 갖고 있어서 유독 기다란 관의 바닥에 보관된 꿀을 빨아들일 수 있지요. 관과 혀가 모두 길어지면서 다른 곤충들은 꿀을 두고 벌과 경쟁할 수 없게 되었어요.

벌이 꿀을 빠는 곳

꽃은 수분을 도와줄 곤충을 끌어들이기 위해 달콤한 꿀을 만들고 대체로 밝은 색을 띠지요. 꽃에는 대부분 곤충을 꿀샘으로 안내하는 길이 있어요. 꿀샘으로 가는 길에 곤충들은 꽃가루가 들어있는 수술을 스쳐 지나가는데, 이때 꽃가루가 곤충의 몸에 달라붙어요. 이렇게 묻은 꽃가루가 다른 꽃에 떨어지면서 꽃이 수분(수정)이 되지요.

어떤 식물은 새나 박쥐가 수분을 돕기도 해요. 이들은 특별히 많은 양의 꿀을 생산하고 커다란 꽃을 피우는 방향으로 진화했지요. 박쥐는 밤에 다니기 때문에 이들에 의존하는 식물은 대개 밤에 꽃을 피우거나 향을 퍼뜨려요.

영장류의 전성시대

인간은 영장류라는 포유류에 속하며, 원숭이와 유인원도 영장류에 속해요. 최초의 영장류는 약 5,500만 년 전에 나타났지만, 우리와는 전혀 닮지 않았어요.

플레시아다피스

최초의 영장류
나무에서 살았던 플레시아다피스 같은 초기 영장류는 생김새가 다람쥐와 비슷했어요. 이들은 무언가를 움켜잡기 쉬운 손과 나무를 오르기에 좋은 발을 갖고 있었지요. 우리는 이들을 원원류라고 불러요.

스밀로덱테스는 약 5천만 년 전 북아메리카의 숲에 살았던 원원류예요.

원원류에서 진원류로
마침내 일부 원원류들이 원숭이, 유인원, 인류(모든 종류의 인간)와 같은 현대 진원류로 진화했어요. 뾰족한 주둥이는 짧아졌고, 개나 소 같은 포유류처럼 머리가 등 앞쪽에 자리 잡은 것이 아니라 우리 인간처럼 등 위로 자리 잡아 좀 더 똑바로 설 수 있었지요.

드리오피테쿠스는 나무에 매달려 지내지 않았고, 네 발 혹은 두 발로 걸을 수 있었어요.

지금도 살아요
여우원숭이

여우원숭이, 안경원숭이, 로리스원숭이는 아직 우리 곁에 살아 있는 원원류예요. 여우원숭이는 아프리카 해안에서 조금 떨어진 마다가스카르라는 섬에서만 살지요. 마다가스카르섬에는 원숭이가 있었던 적이 없어서 여우원숭이는 다른 원숭이와 경쟁을 벌일 일이 없었어요. 그래서 다른 곳의 원원류는 원숭이들이 잠든 밤에 활동하는 반면, 여우원숭이는 낮에 활동하지요.

알락꼬리여우원숭이

표류하는 원숭이

원숭이는 약 3,400만 년 전, 원원류와 분리되었어요. 이들은 약 3,000만 년 전, 아마 극심한 폭풍우로 해안에서 밀려온 식물들과 함께 흙에 휩쓸려 남아메리카로 퍼져나갔을 거예요. 당시 남아메리카는 섬이었고 지금보다 아프리카에 더 가까웠답니다. 그래서 이 원숭이들은 아프리카나 다른 곳에 사는 원숭이들과 번식할 기회 없이 따로 진화했지요.

이집토피테쿠스
초기 구세계 원숭이

원숭이에서 유인원으로

또 다른 분열은 약 2,500만 년 전, 유인원이 원숭이와 갈라지면서 일어났어요. 유인원과 원숭이는 아주 달라요. 원숭이는 꼬리가 있고 나뭇가지 위를 걸어 다녀요. 하지만 유인원은 꼬리가 없고 나뭇가지에 매달려 지내지요. 우리는 이들 각각의 특징을 지니고 원숭이와 유인원 사이에 있는 일부 동물을 통해 진화의 과정을 확인할 수 있어요.

기간토피테쿠스
역사상 가장 몸집이 컸던 유인원

원숭이와 같은 특징을 지녔던 **프로콘술**은 2,300만 년~2,500만 년 전에 아프리카에 살았던 초기 유인원이에요.

고립된 섬

여우원숭이는 마다가스카르섬에서 경쟁할 원숭이가 없었기 때문에 번성할 수 있었어요. 이와 비슷하게 섬으로 단절된 다른 땅에서도 다양한 종들이 독립적으로 번성하고 진화했지요.

남아메리카의 섬

대륙은 1년에 한 손의 너비만큼도 움직이지 않기 때문에 대륙이 분리되는 데는 아주 오랜 시간이 걸려요. 그러다 어느 순간, 땅 사이의 간격이 너무 벌어져서 동물들은 땅을 뛰어넘을 수 없게 되었고, 다음에는 헤엄쳐서 건널 수도 없게 되었고, 마침내 날아갈 수도 없게 되었지요.

약 3천만 년 전까지 남아메리카는 남극대륙과 연결되어 있었고, 남극대륙은 오스트레일리아와 연결되어 있었어요. 남극과 분리된 후에 남아메리카는 열대 숲으로 덮인 거대한 섬이 되었지요. 당시에 아주 신기했던 동물 중 일부는 고립된 섬에서 진화한 것이에요.

5,000만 년 전의 세계 지도

마크라우케니아는 몸길이가 약 3m였고, 눈 사이에 콧구멍이 있었으며, 강하고 튼튼한 다리에는 각각 세 개의 발굽이 있었던 것으로 보여요. 이 동물에는 코뿔소에서부터 라마, 맥에 이르기까지의 동물들에서 발견되는 신기한 특징들이 섞여 있었지요.

포베로미스는 마치 거대한 기니피그 같았어요. 몸길이가 4.5m, 키는 1.5m에 달할 정도로 몸집이 정말 컸지요. 풀을 먹었고, 아마 커다랗고 위험한 악어가 있었던 강에서 시간을 보내기도 했을 거예요.

메가테리움은 땅늘보의 일종으로, 키가 6m나 되었어요.

역사상 날 수 있는 조류 중 가장 컸던 **아르젠타비스**는 6m에 달하는 날개로 안데스산맥을 날아올랐어요.

커다란 아르마딜로처럼 생긴 **글립토돈**은 풀밭 위를 어기적거리며 돌아다녔어요. 몸집이 작은 차만 했던 이 동물은 온몸이 골판으로 된 껍질로 덮여 있어서 포식자의 공격으로부터 자신을 보호할 수 있었지요.

틸라코스밀루스는 칼날 같은 이빨이 있는 유대류에요. 북아메리카의 스밀로돈과 비슷하게 생겼지만, 이 동물은 평행 진화한 예로 볼 수 있어요. 유대류인 틸라코스밀루스는 전혀 다른 계통의 포유류에서 진화했답니다.

★ 지금도 살아요 ★
카피바라

현재 남아메리카에 사는 카피바라는 포베로미스의 훨씬 작은 버전이라고 할 수 있어요. 카피바라는 초기 조상의 4분의 1 크기까지만 자라지요. 우거진 숲의 강 근처에서 살지만, 풀밭에서도 살 수 있답니다.

파라피소르니스는 키가 2m나 되었던 '공포새'에요. 이 거대하고 무시무시한 새는 약 2,300만 년 전 남아메리카에 살았어요. 이들의 커다란 다리는 빨리 달리고 세게 발길질하는 데 적합했지요. 아프리카에 사는 지금의 타조들도 이들과 같은 방식으로 진화했어요.

카피바라

79

환경의 변화

아프리카에서 남아메리카로 넘어온 원숭이들은 북아메리카의 원숭이들과 따로 진화했어요. 이때는 두 대륙이 여전히 떨어져 있었기 때문이지요. 남아메리카는 섬이었지만, 1,400만 년 전쯤 북아메리카와 이어지기 시작했어요.

연결되는 대륙 *초대륙(판게아)

남아메리카가 북쪽으로 이동할 때 화산 활동 역시 일어났는데, 이때 해저의 땅이 위로 솟아오르면서 두 대륙 사이에 있던 섬들과 땅의 형태가 변하게 되었어요. 처음에 몇몇 종들은 바람이나 바다를 통해 섬에서 섬으로 이동했어요. 그러다 2~3백만 년 전, 대륙을 이어주는 다리가 완전히 형성되자, 양쪽 대륙의 동물들은 서로 자유롭게 이동했지요. 우리는 이 사건을 '아메리카 생물 대교환'이라고 불러요.

모든 것이 변했어요!

북아메리카에서 남아메리카로의 이동은 그 반대의 경우보다 성공적이었어요. 남아메리카는 열대우림이 가득한 대륙이었지요. 북아메리카를 떠난 동물들은 열대우림에서 사는 데 익숙해졌지만, 북쪽으로 간 동물들은 그 땅이 자신들에게 너무 춥고 건조하다는 사실을 알게 됐어요.

← 코알라

남아메리카에서 온 코알라?

유대류는 처음에 남아메리카에서 진화해 얼음이 없던 남극대륙을 지나 오스트레일리아로 퍼져나갔어요. 이들은 오스트레일리아에서 따로 진화했고, 그 결과는 성공적이었지요. 코알라, 웜뱃, 캥거루 등 우리에게 익숙한 대부분의 유대류는 현재 오스트레일리아에 살아요. 아주 소수의 유대류만이 남아메리카에서 살지요.

← 캥거루

← 버지니아주머니쥐는 북아메리카에 살아요.

공포새에게 닥친 고난

문제는 기후만이 아니었어요. 공포새 티타니스는 가장 큰 포식자로 살았던 남아메리카에서 북아메리카로 옮겨갔어요. 북쪽에서 티타니스는 늑대와 곰, 날카로운 이빨을 가진 고양잇과 동물들과 경쟁해야 했지요. 남쪽에 머물렀던 티타니스들도 남쪽으로 이동한 늑대와 곰, 사나운 고양잇과 동물로 인해 멸망의 길을 걷게 되었어요. 티타니스는 공포새 중 가장 마지막까지 생존한 새였지만, 250만 년 전에 멸종했답니다.

한편, 북쪽에서 남쪽으로 이동하는 동물들은 대륙을 잇는 다리에 도착하기 전에 열대림을 통과해야 했어요. 열대지방에서 살아남을 수 없는 동물들은 남쪽으로 갈 수 없었지요. 이는 북아메리카에 적합하지 않은 동물들은 북쪽으로 이동해 살아남지 못했지만, 남쪽으로 이동한 동물들은 자신들이 발견한 숲에서 살 수 있었음을 뜻해요.

인류의 시대

우리는 인간이기 때문에 인간이 어떻게 진화했는지에 특별히 관심이 많아요. 하지만 자연 선택의 관점에서 봤을 때, 인간이라고 해서 '특별할' 것은 없답니다.

만약 우리가 해면동물이나 개미, 촌충, 사자라면, 우리는 다른 진화의 길을 최우선으로 고려할 거예요. 인간은 한 가지 면에서 특별해요. 우리는 환경과 다른 종의 진화에 큰 영향을 끼쳤어요. 비록 시아노박테리아나 물개구리밥만큼은 아니지만요.

사람들은 자신이 사는 동굴 벽에 주변의 동물을 그리기 시작한 이후로도 수천 년 동안 자연과 상호작용한 내용을 기록해왔어요. 인간은 다른 생물과 마찬가지로 화석뿐 아니라 그림과 도구, 주거지와 음식 일부, 그리고 나중에는 글로 된 자료와 사진까지 남겼고, 우리는 이 모든 것들로부터 인간종의 발전 과정과 영향에 대해 배울 수 있지요.

원숭이에서 인류로 도약

인간의 오랜 조상 중 처음으로 지금의 우리처럼 보이고 행동하기 시작했던 조상은 초기 유인원이었어요. 유인원은 약 2,500만 년 전, 아프리카 원숭이에서 갈라져 진화했지요.

나무에서 내려온 유인원

유인원은 원숭이보다 훨씬 더 많은 시간을 땅에서 보냈어요. 원숭이보다 덩치가 큰 유인원은 땅에 사는 포식자로부터 좀 더 안전할 수 있지요. 유인원의 어깨는 원숭이처럼 나뭇가지 위를 따라 걷기보다는 몸을 늘어뜨린 채 나뭇가지에 매달리기 좋도록 진화했어요. 그리고 땅에서는 뒷발과 '손'의 관절을 이용해 걷지요. 대부분의 유인원은 나뭇잎과 나무껍질, 과일을 먹는데, 가끔 곤충이나 다른 작은 동물을 먹기도 해요. 잘 때는 땅이나 나무 위에 나뭇잎으로 둥지를 만들고 그 안에서 잠을 자요. 유인원은 원숭이보다 얼굴이 납작하고 꼬리가 없다는 점에서 육체적으로 다르지요. 또 이들은 원숭이보다 덩치도 더 크고 머리도 크답니다.

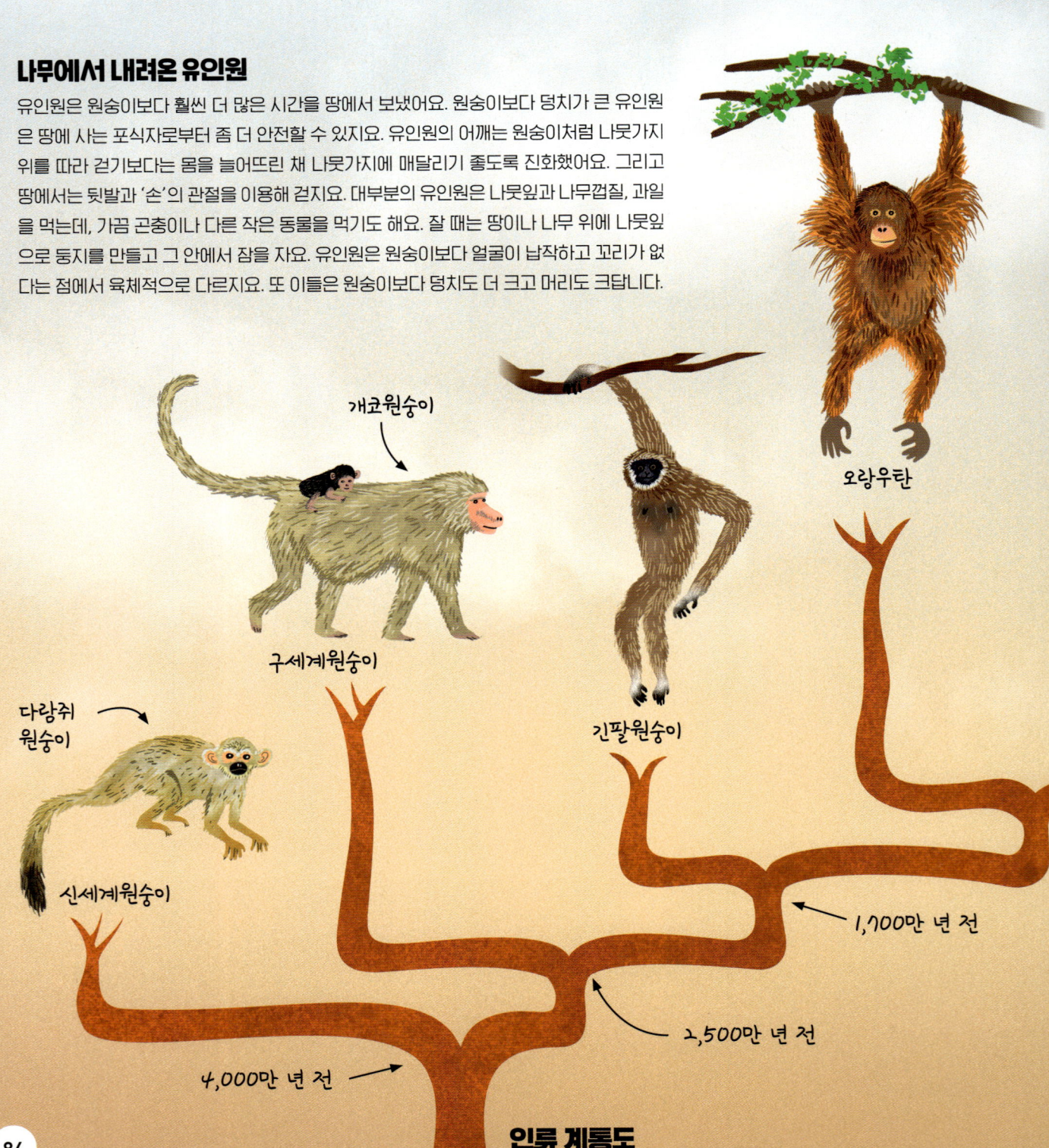

인류 계통도

왜 아직도 원숭이가 있는 걸까?

사람들은 가끔 우리가 원숭이에서 진화했다면 왜 아직 원숭이가 있는지 궁금해 해요. 하지만 인간은 진화하면서 어떤 원숭이도 "멸종"시킨 적이 없으며, 지금의 원숭이에서 진화하지도 않았어요. 인간과 유인원, 원숭이에게는 많은 종을 후손으로 둔 공통의 조상이 있어요. 마치 여러분과 여러분의 사촌에게 할머니라는 공통의 조상이 있는 것처럼 말이지요. 인간은 원숭이보다 '더 진화한' 것이 아니라, 우리의 마지막 공통 조상이 살았던 이후로 원숭이와 다른 진화의 길을 걸어온 것뿐이에요.

고릴라
침팬지
약 100만 년 전
보노보
인간
1,000만 년 전
700만 년 전
1,400만 년 전

크고 작은 유인원

유인원은 현재 큰 유인원과 작은 유인원으로 나뉘어요. 작은 유인원은 아시아에만 살지만 큰 유인원은 아프리카와 아시아에 살아요. 긴팔원숭이는 모두 작은 유인원에 속하고, 오랑우탄과 고릴라, 보노보, 침팬지, 인간은 큰 유인원에 속해요. 인간은 다른 유인원보다 특히 침팬지와 더욱 밀접한 관계가 있어요. 인간과 침팬지가 마지막으로 공통의 조상을 갖고 있었던 약 7백만 년 전, 인간은 침팬지와 다른 진화의 길을 걷게 되었지요.

최초의 인간

우리는 현재 살아 있는 유일한 인간종이지만, 지구상에 우리만 있었던 것은 아니에요. 어떤 인간종은 우리보다 앞서 나타났었고, 어떤 인간종은 한동안 우리와 함께 살기도 했지요.

인간이 되기까지의 과정

인간과 다른 유인원들 사이에는 중요한 차이가 있었는데, 그 차이 덕택에 인간은 성공할 수 있었어요. 인간은 직립보행을 하면서 두 손이 자유로워진 덕분에 도구를 사용하게 됐어요. 또 머리도 다른 유인원보다 컸지요. 그리고 인간의 손은 유인원과 다르게 나무를 오르기보다는 도구를 사용하기에 더 적합했어요. 초기 인류는 아마도 땅에서 대부분의 시간을 보냈을 거예요.

모든 종류의 인간은 사람족속에 속해요. 거의 인간에 가까웠던 초창기의 사헬란트로푸스는 약 700만 년 전에 처음으로 두 발로 걸었어요. 진정한 최초의 사람족속은 그로부터 300만 년 후에 나타난 오스트랄로피테쿠스 아파렌시스였지요. 오스트랄로피테쿠스는 납작한 얼굴과 작은 머리 등 인간이 아닌 유인원의 특징을 갖고 있었지만, 직립보행을 했고 우리와 같은 치아가 있었어요.

사람의 등장

현생 인류는 호모 사피엔스로 분류돼요. 하지만 그보다 더 일찍 나타난 인간종들도 우리가 지금 행하는 일 중의 일부를 할 수 있었어요. 아프리카에 240만 년 전에 나타난 호모 하빌리스는 사람과 아주 비슷했어요. 이들은 석기를 사용했지만, 더 오래된 석기도 있기 때문에 이들이 처음으로 석기를 사용한 것은 아니에요. 호모 에렉투스는 불을 사용하여 처음으로 고기를 익혀 먹기 시작했고, 195만 년 전부터 14만 3천 년 전까지 살았어요.

70만 년 전, 호모 하이델베르겐시스는 북유럽으로 이주해 집을 짓고 나무로 창을 만들어 커다란 동물을 사냥했어요. 이들은 16만 년 동안 호모 사피엔스와 함께 살았던 호모 네안데르탈렌시스(네안데르탈인)의 조상이었는데, 불과 4만 년 전에 자취를 감추었지요. 네안데르탈인은 처음으로 옷을 입기 시작했고, 죽은 사람을 묻었으며, 언어도 사용한 것으로 보여요. 이들의 몸은 추운 유럽의 기후에 맞게 변화했어요. 손가락과 발가락은 몸의 열을 보존하기 위해 더 짧아졌고, 코는 폐로 가는 공기를 덥히기 위해 더욱 커졌지요.

★ 진화 미스터리 ★
호모 플로레시엔시스

초기 인류의 한 종인 호모 플로레시엔시스는 유난히 키가 작았어요. 19만 년~5만 년 전 인도네시아의 플로레스섬에서 살았던 이 인류는 키가 1m를 조금 넘는 정도였지요. 이들은 석기와 불을 사용한 것으로 보이고, 작은 코끼리를 성공적으로 사냥했어요. 하지만 이들의 키가 왜 그렇게 작았는지는 아무도 모른답니다.

새로운 종의 등장

인간은 오직 한 가지 종만 살아남았지만, 여러 종이 동시에 살아 있는 생물들도 많이 있답니다. **종 분화**(다양한 종으로 분화되는 과정)는 여러 가지 방식으로 일어날 수도 있어요.

널리 퍼져나가는 생물

생명체가 거의 없는 드넓은 바다나 땅이 있다고 상상해 보세요. 이러한 상황은 보통 대멸종 사건이 있고 나면 벌어지지요. 그럴 때면 생물은 다른 살만한 곳을 찾아 퍼져나가요. 그리고 기후, 지형, 포식자 같은 다양한 어려움과 맞닥뜨리지요. 이들은 같은 곳에서 시작했지만, 각자의 환경에 맞추어 다르게 적응하면서 결국 서로 다른 종이 된답니다.

서로 멀어지는 생물

생물은 때로 한 집단을 이루고 있다 둘로 갈라지기도 해요. 강이 방향을 바꿔 이들의 영역을 관통해 흐를 수도 있을 것이고, 아니면 어느 한 무리가 다른 곳으로 이동할 수도 있을 거예요. 그러면 이들은 서로 다른 모습으로 발달하게 되지요. 각 집단은 고유의 **유전자 풀**(집단이 가진 모든 유전자의 집합)을 갖고 있어요. 시간이 흐르면서 어떤 유전자들은 순전히 우연에 의해 다른 집단보다 한 집단에서 더 흔해지게 돼요. 우리는 이것을 **유전적 부동**이라고 해요. 결국, 그 집단은 너무 달라져서 별개의 종이 되지요.

고리 모양의 진화

개체군들이 서로 이웃해 있을 때, 아마 각 개체군은 그들과 가장 가까이 있는 개체군과 아주 약간만 다를 거예요. 하지만 시간이 흐르면서 이러한 차이는 조금씩 쌓이게 되지요. 차이가 크게 벌어지면, 양 끝에 있는 개체들은 서로 교배할 수 없어요. 종들이 하나의 고리를 형성하고 양 끝에 있는 개체들이 서로 교배할 수 없을 때, 우리는 이 종을 고리종이라고 불러요.

캘리포니아 도롱뇽(엔사티나 도롱뇽)의 종 분화

- 오리건 엔사티나도롱뇽
- 오색 엔사티나도롱뇽
- 노란눈 엔사티나도롱뇽
- 몬테레이 엔사티나도롱뇽
- 시에라네바다 엔사티나도롱뇽
- 노랑반점 엔사티나도롱뇽
- 큰반점 엔사티나도롱뇽

산사나무 파리

산사나무 열매

🌟 지구별 적응 이야기 🌟
산사나무 파리

산사나무 파리는 원래 북아메리카에 있는 산사나무의 열매를 먹고 살았어요. 그러다 유럽에서 건너온 사람들이 사과나무를 들여온 후, 산사나무 파리 한 무리가 사과를 먹게 되면서 이 종은 둘로 갈라지기 시작했어요. 새로운 먹이의 출현이 종의 분화로 이어진 것이지요.

산사나무 파리

성공을 위한 선택

변화는 시간이 흐름에 따라 어떤 집단에도 생기기 마련이에요. 그런데 어떤 생물은 다른 생물들보다 변화하는 환경에 더 적합한 특징을 갖고 있어요. 이들은 다 자랄 때까지 살아남아 번식할 확률이 높기 때문에, 이들의 우수한 특성은 후손까지 이어지요. 이러한 과정을 우리는 **자연 선택**이라고 해요.

많은 동물이 번식을 위한 짝을 선택할 때, 생존력이 강하고 튼튼하고 건강해 보이는 짝을 선택해요. 냉정하게 들릴지 몰라도 상처를 입거나 불리한 상황을 일으킬 돌연변이가 있는 동물, 혹은 다른 동물보다 작은 동물은 짝을 찾을 확률이 낮기 때문에, 힘과 성공에 관련된 유전자가 후손까지 이어지게 되지요. 이것은 **성선택**이라고 해요.

나를 좀 봐!

성선택은 좀 의아한 방식으로 흘러가기도 해요. 암컷 공작은 크고 밝은 꽁지깃을 가진 숫컷을 선택해요. 하지만 크고 밝은 꽁지깃은 포식자의 눈에 잘 띄기 때문에 공작을 잡히기 쉽게 만들지요. 꽁지깃이 전달하는 메시지는 이런 것 같아요. "나는 아주 강하고, 빠르고, 훌륭한 새야. 나는 이런 꽁지깃을 가지고도 살아남을 수 있지." 평소에는 단점인 커다란 꽁지깃이 짝을 찾을 때는 장점이 되기 때문에 꽁지깃은 시간이 흐를수록 점점 커져요.

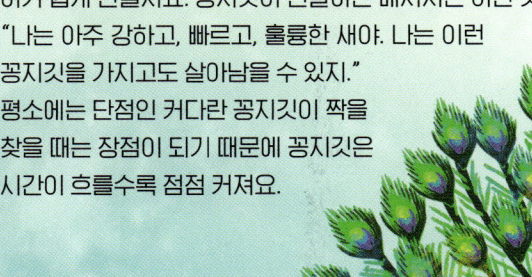

공작새

아프리카를 벗어난 인류

현생 인류인 호모 사피엔스는 약 20만 년 전 아프리카에서 진화했지만, 12만 년 전쯤부터 아프리카를 떠나기 시작했어요. 인류는 처음에 중동에서 시작해 동남아시아, 북아시아, 유럽으로 퍼져나갔지요. 그 후 오스트레일리아에는 5만 년 전에, 아메리카 대륙에는 겨우 15,000년 전에 도착했답니다.

햇빛에 적합한 피부

현생 인류는 아프리카에서 진화하면서 뜨겁고 밝은 태양에 잘 적응했어요. 당시 인류는 피부색이 짙었어요. 왜냐하면, 짙은 색 피부가 햇빛에 잘 맞았기 때문이지요. 색이 짙은 멜라닌 색소는 피부가 햇볕으로부터 손상을 입지 않도록 보호해줘요.

우리의 몸은 햇빛을 받아야만 비타민 D를 만들 수 있어요. 아프리카에서는 햇빛의 양이 충분하므로 우리는 비타민 D를 쉽게 만들 수 있지요. 하지만 적도에서 멀리 떨어지고 햇빛이 많지 않은 곳에서는 피부가 어두우면 비타민 D를 충분히 만드는 것이 어려워요. 인류가 북쪽으로 이주했을 때, 피부색이 살짝 옅은 사람들이 좀 더 건강했기 때문에, 시간이 흐를수록 사람들의 피부색은 더욱 옅어졌어요. 오랜 시간에 걸쳐 적도 부근의 사람들은 햇볕에 타지 않도록 짙은 피부를 유지했고, 다른 곳의 사람들은 햇빛을 덜 받고도 비타민 D를 합성할 수 있도록 피부색을 더 옅게 만들었지요.

유럽, 45,000년 전

레반트 및 아라비아반도, 12만 년에서 9만 년 전

아프리카의 호모 사피엔스, 20만 년에서 15만 년 전

우리 중의 네안데르탈인

보통 생물은 같은 종끼리만 교배할 수 있지만, 가끔은 서로 밀접한 관련이 있는 다른 종끼리도 교배할 수 있어요. 사자와 호랑이는 동물원에서 교배할 수 있고, 말과 당나귀도 서로 교배할 수 있어요 (하지만 이들의 새끼는 번식 능력이 없지요). 호모 사피엔스와 네안데르탈인도 이것이 가능했고 실제로 교배를 했어요. 우리는 적은 비율이긴 하지만 현대인들이 아직 네안데르탈인의 유전자를 갖고 있다는 것을 유전자 분석을 통해 알고 있어요. 네안데르탈인은 이미 4만 년 전에 사라졌지만, 그 유전자는 호모 사피엔스를 통해 이어져 왔지요.

말 + 당나귀 = 노새

같은 종이지만 조금씩 다른 인류

모든 현생 인류는 호모 사피엔스라는 같은 종에 속하지만, 우리는 모두 조금씩 다르게 생겼어요. 머리와 눈도 멜라닌의 영향을 받기 때문에, 피부색이 짙으면 이들도 짙은 색을 띠기가 쉬워요. 북유럽과 아시아로 이주한 사람들은 몸속의 멜라닌이 줄어들면서 눈과 피부, 머리카락 색이 더욱 옅어졌지요. 하지만 외모가 변했다고 해서 사람들 사이에 근본적인 차이가 생긴 것은 아니에요. 이는 초기 사람들이 어떻게 그들이 살던 곳의 일조량에 맞게 적응했는지를 보여줄 뿐이지요.

북아시아,
2만 년 전

아메리카,
15,000년 전

남아시아, 인도네시아, 오스트레일리아,
5만 년 전

좋은 부모, 나쁜 부모?

진화는 동물의 몸은 물론 행동 방식에도 영향을 미쳐요. 이를테면, 짝을 한 마리만 택할지 여러 마리를 택할지 혹은 새끼를 돌볼지 아닌지와 같은 것들이지요. 대체로 멸종된 동물들이 어떻게 행동했는지는 알기가 어려워요. 왜냐하면, 행동은 대부분 증거를 남기지 않으니까요.

얼마나 많은 새끼를 낳아야 할까?

생물은 살아남기 위해서는 번식을 통해 다음 세대에게 유전자를 물려주어야 해요. 그리고 그 유전자가 다시 전달되기 위해서는 그들의 새끼가 살아남아야 하지요. 이 일을 하는 방법에는 여러 가지가 있어요. 새끼를 많이 낳으면, 그중 적어도 몇 마리는 살아남을 가능성이 있지요. 대부분의 식물이 많은 씨앗을 만들어 이런 식으로 번식해요. 아니면 새끼는 조금만 낳고 이들을 기르는 데 시간과 에너지를 들여 생존 가능성을 높이는 방법도 있답니다.

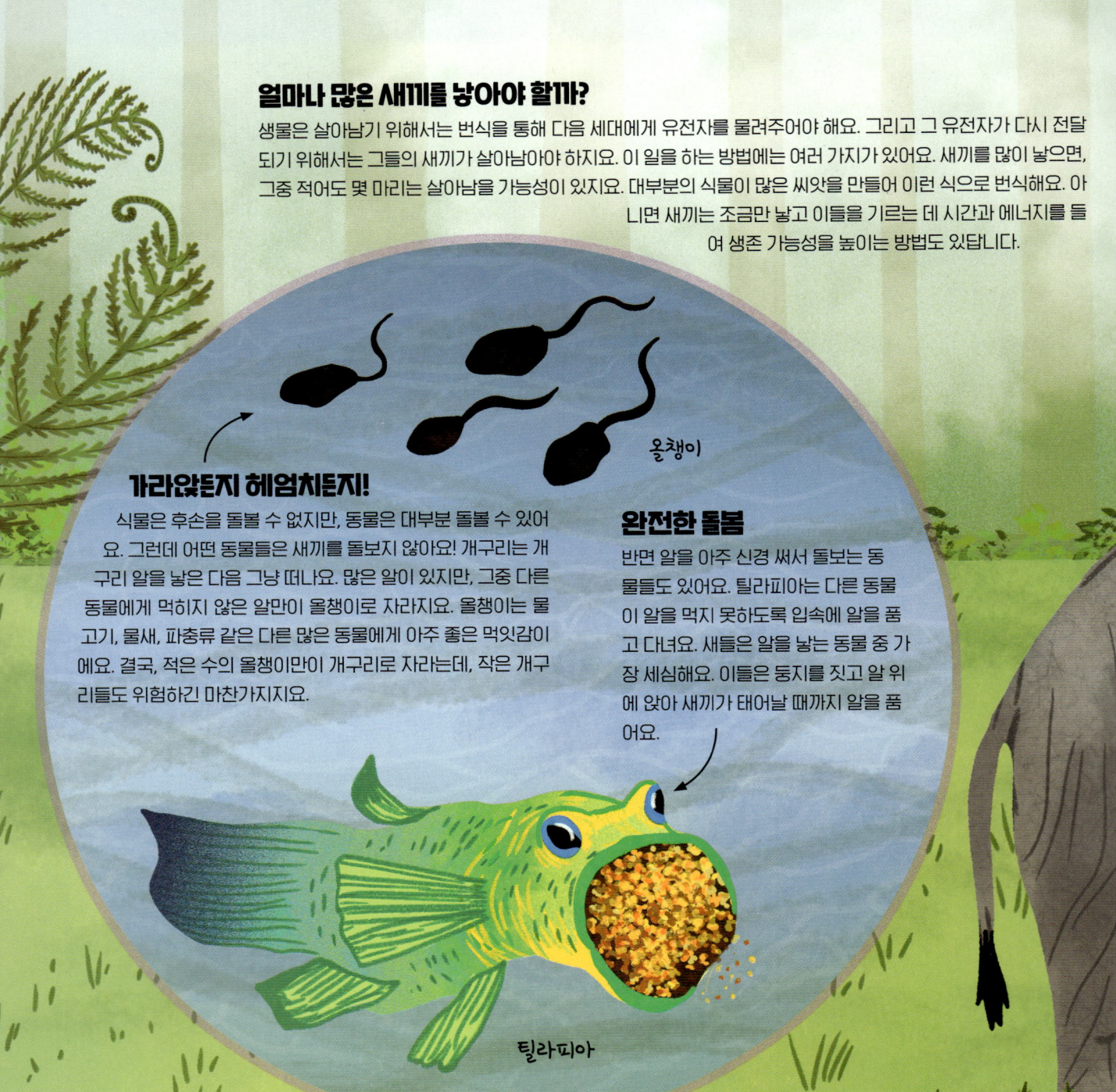

가라앉든지 헤엄치든지!

식물은 후손을 돌볼 수 없지만, 동물은 대부분 돌볼 수 있어요. 그런데 어떤 동물들은 새끼를 돌보지 않아요! 개구리는 개구리 알을 낳은 다음 그냥 떠나요. 많은 알이 있지만, 그중 다른 동물에게 먹히지 않은 알만이 올챙이로 자라지요. 올챙이는 물고기, 물새, 파충류 같은 다른 많은 동물에게 아주 좋은 먹잇감이에요. 결국, 적은 수의 올챙이만이 개구리로 자라는데, 작은 개구리들도 위험하긴 마찬가지지요.

올챙이

완전한 돌봄

반면 알을 아주 신경 써서 돌보는 동물들도 있어요. 틸라피아는 다른 동물이 알을 먹지 못하도록 입속에 알을 품고 다녀요. 새들은 알을 낳는 동물 중 가장 세심해요. 이들은 둥지를 짓고 알 위에 앉아 새끼가 태어날 때까지 알을 품어요.

틸라피아

★ 지구별 적응 이야기 ★
공룡의 둥지

공룡 중에는 자신의 새끼를 돌본 공룡들도 있어요. 7,700만 년 전 마이아사우라의 화석화된 둥지를 보면 새끼들의 흔적이 남아있는데, 이는 부화 후 새끼들이 둥지에 머물렀음을 보여주지요.

마이아사우라

혼자 힘으로 살아남기

어떤 새끼들은 태어난 후에 다른 동물들보다 더 많은 보살핌이 필요해요. 새는 깃털을 가진 채로 부화해 바로 걷고 먹이를 쪼을 수 있는 부류와 깃털 없이 부화해 부모에게서 먹이를 받아먹어야 하는 부류로 나뉘어요.

어떤 새끼 새들은 이 후투티 새들처럼 부모에게 의존했어요.

병아리와 같은 새끼 새들은 부화하자마자 혼자 힘으로 먹이를 먹을 수 있어요.

새끼를 돌보는 부모

모든 포유류가 새끼에게 젖을 먹이지만, 몇몇 포유류는 그 밖에도 많은 일을 해요. 사슴과 소, 말의 새끼는 처음에는 불안하게 서지만, 곧 걷고 뛸 수 있게 되지요. 어떤 동물들은 아무것도 할 수 없는 새끼를 낳기도 해요. 고양이와 개는 앞을 볼 수 없는 채로 태어나지요. 또, 부모 곁에서 몇 년을 머무는 새끼들도 있는데, 부모는 얼마 안 되는 이 새끼들을 정성껏 보살펴요.

코끼리는 최대 4년까지 새끼에게 젖을 먹여요.

공유하는 공간, 땅

인간은 우리 주변에 사는 미생물부터 커다란 나무와 곤충, 포유류, 새, 물고기에 이르기까지 늘 이 세상을 다른 생물들과 공유해왔어요. 인간은 나름의 특별한 방식으로 다른 종들과 교류해왔지요.

동물과 이들이 살았던 지역

북유럽과 아시아, 북아메리카에서 사람들은 동굴곰, 스밀로돈, 털코뿔소, 거대 비버, 큰뿔 사슴, 코끼리처럼 생긴 마스토돈, 그리고 털북숭이 매머드와 같은 커다란 동물(거대 동물)을 만나게 되었어요. 오스트레일리아에는 거대 캥거루와 유대류 사자, 디프로토돈, 하마만한 웜뱃이 살았지요. 또, 아메리카 대륙에서 인간은 거대 새, 글립토돈, 땅늘보와 함께 살았어요.

영원히 사라진 종들

이 중 많은 종이 수백만 년 동안 살아 있다가 약 12,000년 전에 멸종했어요. 많은 거대 동물이 사냥하는 인류로 인해 멸종에 이르긴 했지만, 기후 변화도 이들의 멸종에 영향을 미쳤지요. 얼음이 극지방에서 먼 곳까지 퍼졌던 빙하기와 극지방에도 얼음이 없었던 온난기 사이에서 기후가 여러 차례 바뀌었으니까요.

상호 작용하는 인류

초기 인류는 많은 거대 동물을 사냥했지만, 꼭 사냥만 한 것은 아니었어요. 이들은 불을 피우고 땅을 일굼으로써 이전의 어떤 종도 하지 않았던 방식으로 환경을 바꿔놓았지요. 인류는 동물의 가죽을 가지고 간단한 옷을 만들어 입었는데, 이는 인류가 자신의 몸이 적응한 환경보다 더 추운 곳에서도 살 수 있었음을 뜻해요. 인류는 동물의 뼈로 도구를 만들었고, 동물의 모습을 조각하거나 그려서 같이 살았던 동물들의 흔적을 남기기도 했어요.

너무 더워서 살 수 없었던 동물들

털코뿔소나 매머드처럼 추운 기후에 적합한 거대 동물들은 아마 날씨가 너무 더워지면서 죽었을 거예요. 따뜻한 기후가 필요한 동물들은 빙하기에 적도로 이동하면 됐지만, 온난기에 추운 기후가 필요한 동물들은 갈 곳이 없었으니까요. 만약 어떤 초식동물이 멸종하면, 그 초식동물에 의존하는 포식자와 청소 동물도 보통은 자취를 감추게 된답니다.

글립토돈

거대 동굴곰

배고픈 인류

초기 인류는 자신들이 잡은 동물과 물고기, 과일, 씨앗, 견과류, 그리고 다른 식물들을 먹고 살았어요. 이들이 먹은 것 중에 우리가 지금 알고 있는 과일과 채소는 전혀 없는데, 그 이유는 수천 년에 걸쳐 농부들이 선택적 재배를 하면서 모든 것이 바뀌었기 때문이지요.

진화적 생존 경쟁

어떤 종들은 서로 도와가며 함께 진화하지만, 또 어떤 종들은 상대방을 이기려 애쓰며 살기 위한 전투를 치르지요.

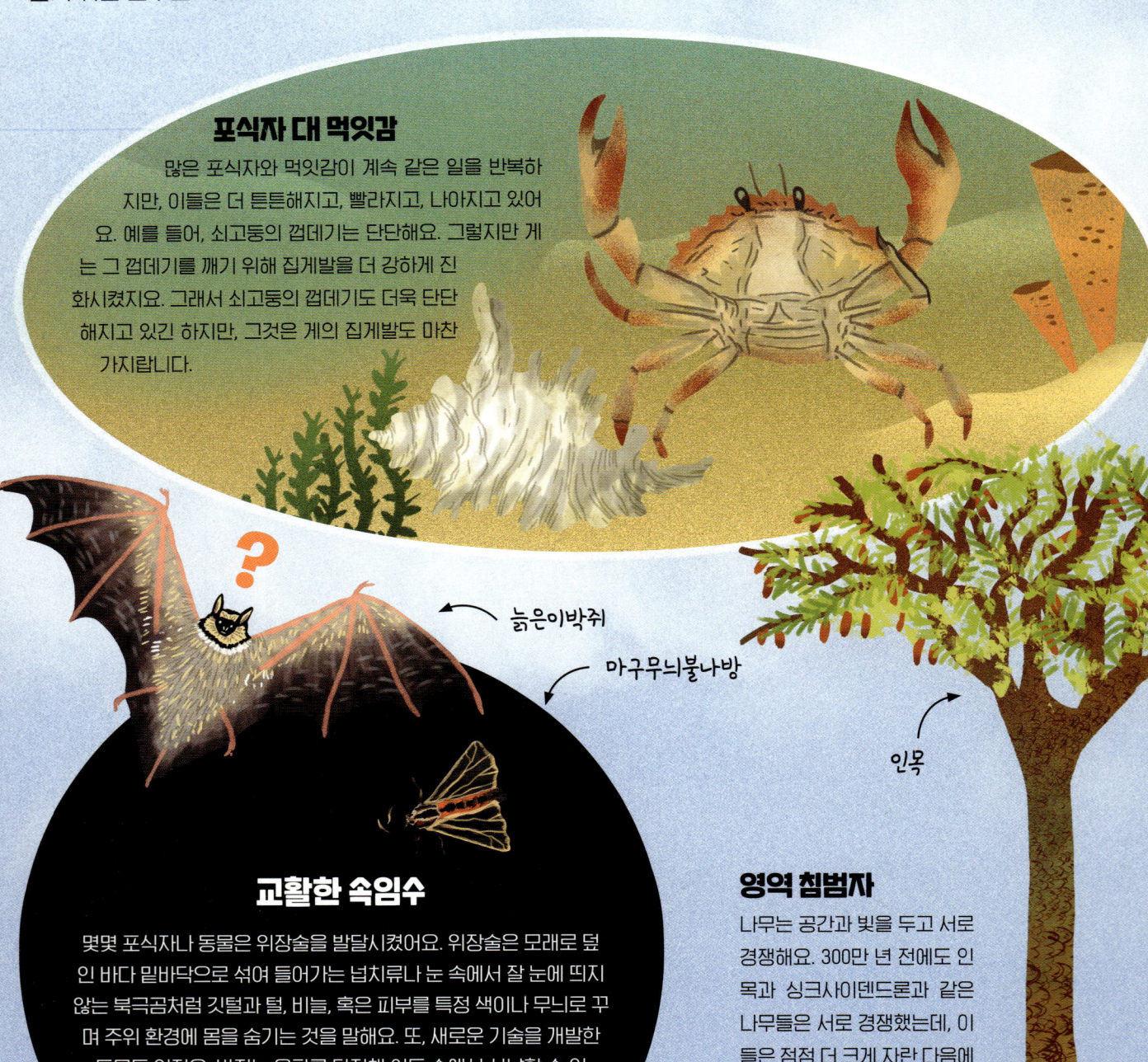

포식자 대 먹잇감

많은 포식자와 먹잇감이 계속 같은 일을 반복하지만, 이들은 더 튼튼해지고, 빨라지고, 나아지고 있어요. 예를 들어, 쇠고둥의 껍데기는 단단해요. 그렇지만 게는 그 껍데기를 깨기 위해 집게발을 더 강하게 진화시켰지요. 그래서 쇠고둥의 껍데기도 더욱 단단해지고 있긴 하지만, 그것은 게의 집게발도 마찬가지랍니다.

늙은이박쥐

마구무늬불나방

인목

교활한 속임수

몇몇 포식자나 동물은 위장술을 발달시켰어요. 위장술은 모래로 덮인 바다 밑바닥으로 섞여 들어가는 넙치류나 눈 속에서 잘 눈에 띄지 않는 북극곰처럼 깃털과 털, 비늘, 혹은 피부를 특정 색이나 무늬로 꾸며 주위 환경에 몸을 숨기는 것을 말해요. 또, 새로운 기술을 개발한 동물도 있지요. 박쥐는 음파를 탐지해 어둠 속에서 사냥할 수 있어요. 이들은 높은 음으로 소리를 낸 다음, 메아리를 통해 먹잇감이 어디 있는지 알 수 있지요. 하지만 박쥐의 먹이인 북아메리카의 마구무늬불나방은 박쥐의 음파를 차단하도록 진화했답니다.

영역 침범자

나무는 공간과 빛을 두고 서로 경쟁해요. 300만 년 전에도 인목과 싱크사이덴드론과 같은 나무들은 서로 경쟁했는데, 이들은 점점 더 크게 자란 다음에야 가지를 뻗었지요.

★ 지구별 적응 이야기 ★

둥지 속의 뻐꾸기

뻐꾸기는 다른 새의 둥지에 알을 낳아 둥지 주인이 뻐꾸기 새끼를 부화하고 키우도록 속여요. 그래서 어떤 새들은 너무 큰 알은 둥지 밖으로 내던져버리는 식으로 둥지를 지켰지요. 그런데 잠비아에서는 상황이 더욱 심각했어요. 뻐꾸기는 둥지 주인이 눈치채지 못하게 해롭지 않은 평범한 새처럼 보이도록 진화했어요. 하지만 이제 둥지 주인들은 해롭지 않은 새처럼 생긴 새는 뭐든 쫓아버리기 시작했답니다.

뻐꾸기 새끼

흰눈썹꿀새

생물 대 질병

미생물은 질병을 일으키는 미생물을 포함해 빠르게 진화해요. 미생물은 자신이 영향을 미치는 생물의 변화를 따라갈 수 있고, 심지어 우리가 만드는 치료제나 약물도 견딜 수 있어요. 돌연변이가 미생물을 변화하게 만들어 더는 약이 듣지 않게 되면, 그 미생물은 살아남아서 저항력이 있는 미생물을 점점 더 많이 만들며 번식하게 되지요.

밀림개미

개미의 몸 안에 있는 기생충

기생충 대 숙주

기생충은 다른 생물(숙주)의 몸에 붙어서 살아요. 그중에는 미생물만큼 아주 작은 기생충도 있고 30m 길이의 벌레만큼 큰 기생충도 있지요. 기생식물인 겨우살이는 나무에 붙어 자라며 숙주에게서 물과 양분을 빨아먹어요. 어떤 기생충은 숙주의 외형이나 행동 방식을 바꾸기도 하지요. 일종의 열대 개미에 붙어사는 한 기생충은 개미의 몸을 빨간 열매처럼 보이게 해요. 이 열매처럼 보이는 몸은 새를 유혹하게 되지요. 새가 개미를 잡아먹으면, 기생충은 새똥으로 빠져나와 똥 속의 씨앗을 먹이 삼는 다른 개미에게로 옮겨가요.

변화를 성공적으로 이끈 인류

많은 생물이 환경을 바꿔놓았지만, 인류만큼 많은 변화를 이끈 생물은 거의 없어요. 수천 년에 걸쳐 인간은 땅을 일구고, 강을 막고, 농사와 동물 사육(길들이기)을 통해 종을 변화시키면서 이 땅의 풍경을 달라지게 했지요.

야생과 멀어진 집

초기 인류는 돌도끼를 개발해 나무를 베고 불로 관목과 덤불을 태워 다른 생물의 서식지를 파괴했어요. 약 12,000년 전부터 사람들은 자신이 일군 땅에 집을 짓고 작물을 재배하고 동물을 키웠지요. 농사를 지으면서 이들은 물의 흐름을 조절할 수 있는 수로를 만들어 땅에 물을 댔어요. 그리고 필요 없는 식물을 제거하고 농작물이나 가축을 해칠 수 있는 동물은 쫓아내거나 죽였지요. 이로 인해 다양했던 야생생물은 점점 줄게 되었답니다.

변화하는 땅

나무가 가득했던 땅을 일구면 날씨가 변하고 물이 땅 위를 흐르는 방식도 변해요. 이러한 상황은 다른 생물에도 영향을 미치지요. 농사는 토양의 상태를 달라지게 하고 그 속에 사는 생물에도 영향을 줘요. 많은 식물 대신 한 가지 식물만 자란다면, 식물을 먹고 사는 동물들은 먹이를 바꾸거나 다른 곳으로 이동해야 해요. 그렇지 않으면 이들은 멸종하고 말지요.

변화하는 동물

사람들이 동물을 기르는 이유는 고기와 우유, 털, 가죽을 얻거나, 같이 사냥하러 다니거나, 혹은 해로운 동물이나 포식자를 쫓기 위해서예요. 우리는 우리에게 아무 이득이 되지 않는 동물은 기르지 않아요. 기린이나 딱따구리를 기르는 사람은 아무도 없지요. 왜냐하면, 이들은 우리에게 필요한 것을 주지 않으니까요. 사람들은 양과 염소, 소, 돼지를 기르기 시작했고, 그러다 포식자로부터 동물들을 지키기 위해 개(처음에는 늑대)를 기르기 시작했어요. 그리고 가축들은 새로운 생활환경에 맞게 진화하기 시작했지요.

★ 지구별 적응 이야기 ★
어디 아파요?

인간이 동물과 함께 살면서 가까이 지내기 시작했을 때, 동물에게 질병을 일으킨 미생물 중 일부는 인간을 감염시키도록 진화했어요. 동물에서 시작된 인간의 질병에는 천연두(설치류에서 시작), 홍역(소에서 시작), 흑사병(설치류에서 시작), 독감(새와 돼지에서 시작)이 있어요.

병으로 인한 인구 둔화

1만 년 전, 세상의 인구는 4백만 명 정도였어요. 하지만 5천 년이 지나서도 인구는 5백만 명 정도에 그쳤지요. 이 기간에 사람들은 농사를 짓고 공동체를 형성하기 시작했어요. 그와 동시에 질병과 전쟁으로 인구는 크게 늘지 않았지요. 질병은 사람들이 작은 무리를 지어 이동하면서 살 때보다 고정된 위치에서 큰 무리를 지어 살 때 더 쉽게 퍼졌어요. 질병을 일으키는 미생물은 인간 사회와 함께 진화했지요.

진화에 관한 모든 것

지난 200년 동안 사람들은 진화가 어떻게 진행되는지를 이해하게 되었어요. 최근 우리는 과거에 어떤 종도 갖지 못했던 능력, 즉 어떤 식으로든 고의로 진화에 영향을 미치는 능력을 얻기까지 했지요. 많은 종에게 우리가 미친 영향은 부정적이었답니다.

인간은 다른 생물의 서식지와 환경을 파괴하고 종들을 멸종하게 만들어 자연계의 다양성을 감소시켰어요. 또 일부 종들의 진화에 영향을 주어 우리 자신의 목적에 맞게 작물을 조작하고 동물을 길들였지요. 유전학에 대한 이해를 더 잘 하게 됨에 따라, 우리는 생물의 진화를 기다리기보다는 서로 다른 종의 유전자를 섞고 유전적 문제를 해결하면서 완전히 새로운 생물을 만드는 능력을 얻게 되었어요.

우리는 이 **유전자 조작 능력**을 잘 활용할 수 있을까요?

일반적이지 않은 번식

우리가 키우는 동물과 식물은 자연스럽게 진화하지 않았어요. 우리는 우리가 원하는 특징이 있는 자손을 얻기 위해 어떤 생물을 번식시킬지 선택함으로써 이들을 달라지게 했지요.

사나운 짐승 길들이기

사람들은 동물과 식물을 기르기 시작하면서 곧바로 이들을 변화시키기 시작했어요. 늑대를 데려와 길들여 서서히 개로 변하게 했고, 그다음에는 개를 아주 다양한 품종으로 분화시켰지요. 우리는 우유와 달걀, 고기를 얻기 위해 동물을 기르고, 가장 털이 많거나 가장 크거나 가장 알을 잘 낳는 동물을 선택해 이들을 번식시켜요. 이것을 '**선발 육종**'이라고 하지요.

무플론
(야생 양)

최고의 작물

식물의 경우, 농부는 가장 상태가 좋은 작물의 씨앗 중 일부를 먹지 않고 보관했다가 이듬해에 그 씨앗을 심어요. 이렇게 하면 작물 전체가 가장 좋은 작물의 특징을 띨 수 있지요. 동물의 경우에도 농부는 가장 상태가 좋은 동물을 골라 그들을 교배시켜요. 가장 털이 많은 양 두 마리를 교배하면 역시 털이 많은 새끼가 태어나요. 이런 식의 교배를 계속하면 양들의 털과 관련된 유전자가 강화되어 시간이 흐를수록 양털은 더욱 풍성해지게 되지요. 양은 인간에게 유용하기 때문에 이제 생존 능력의 선택이 아닌, 인간의 선택을 받게 됐어요. 우리는 우리에게 도움이 되는 방향으로 진화를 억지로 끌고 왔지요.

오늘날의 가축화된 양

커진 곡물

우리가 현재 먹는 과일과 채소, 곡물 중 야생 상태에 있는 것은 아무것도 없어요. 이들은 모두 수백 년 혹은 수천 년에 걸쳐 더 크고, 더 촉촉하고, 더 맛있고, 더 달콤해지도록 선별적으로 재배되어왔지요. 원래의 옥수수 식물은 밀과 더 닮았고, 원래의 밀은 풀과 더 닮은 모습이었어요. 당근은 한때 가늘고 질긴 뿌리였고, 과일은 지금보다 훨씬 작았지요.

테오신트
(야생 옥수수)

지금의 옥수수

★ 지구별 적응 이야기 ★

부활절 달걀?

오늘날의 닭은 일 년 내내 알을 낳지만, 원래는 그렇게 알을 낳지 않았어요. 닭은 일 년 내내 알을 낳게 될 때까지 선별적으로 사육되었지요. 야생의 새는 겨울이 오기 전에 새끼가 따뜻하게 여름을 보내고 먹이를 충분히 먹을 수 있도록 봄에 알을 부화하기 때문에, 이러한 사육은 새들에게 좋지 않을 거예요.

우리에게 좋은 것

우리에게 좋은 것이 반드시 우리가 기르는 생물에게도 좋은 것은 아니에요. 오늘날의 양은 너무 많은 털을 만들어내서 야생에서 건강하기가 힘들어요. 개 중에는 얼굴이 너무 납작해서 숨을 쉬기 어렵다거나 다리가 너무 짧아서 달릴 수 없는 개들도 있지요. 또, 우리가 기르는 과일과 채소는 이들이 성공적으로 번식하는 데 필요한 크기보다 훨씬 큽니다.

오늘날의 당근

오늘날의 딸기

야생 딸기

야생 당근

103

다 함께 하는 진화

진화가 꼭 개개의 수준에서만 진행되는 것은 아니에요. 어떤 생물들은 무리를 지어 함께 일하는데, 공동체 생활을 하는 생물한테 이렇듯 진화가 처음 나타나게 되었지요.

사회적 동물

인류는 전보다 큰 집단을 이루어 정착하면서 서로 일을 분담하게 되었어요. 사람들은 각자 먹잇감을 사냥하고, 음식을 하고, 무기와 옷을 만들고, 병을 치료하고, 아이들을 가르치는 대신, 자신만의 일을 맡아서 하게 되었지요.

다른 몇몇 동물들도 각자의 역할을 분담했는데, 이들은 인간보다 한층 더 나아가 자기 일에 맞추어 몸을 다르게 진화시켰어요. 사람은 의사가 될지, 농부가 될지, 혹은 음악가가 될지 결정할 수 있어요. 하지만 벌은 처음부터 일벌, 수벌, 여왕벌로 태어나 선택권이 없지요. 벌의 몸은 오직 한 가지 역할에만 맞춰져 있답니다.

모두를 위한 하나

큰 공동체를 이루어 함께 생활하는 동물을 우리는 **진사회성 동물**이라고 해요. 몇몇 종류의 개미, 흰개미, 벌, 말벌은 진사회성 동물이지요. 이들은 공동의 집에서 살며 모두 공동체의 이익을 위해 일해요.

한 벌집에서는 여왕벌 한 마리가 모든 알을 낳기 때문에 여왕벌은 벌집에 있는 모든 벌의 엄마라고 할 수 있어요. 다른 암컷들은 번식 능력이 없지요. 이들은 병정벌로 일하며 벌집이나 일벌을 지키고, 벌집을 짓고, 먹이를 모으며, 새끼들을 돌봐요. 숫벌들은 모두 여왕벌과 교미하는 일만 하고 다른 일은 아무것도 하지 않지요. 흰개미 집단에서 일개미와 병정개미는 따로 살아요. 일개미는 앞을 보지 못해서 집안에서만 일하지만, 병정개미는 적을 대비해 집을 지키지요.

동물들의 도시

진사회성 곤충은 지구상에서 가장 성공한 동물 중 하나예요. 남아메리카의 가위개미들은 어떤 초식 포유류보다 더 많은 잎을 먹어요. 미국 남서쪽에는 다른 동물을 모두 합친 것보다 개미와 흰개미가 더 많지요. 흰개미 집에는 수백만 마리의 개미가 들어갈 수 있는데, 어떤 흰개미 집은 수백 년 동안 없어지지 않고 그 자리에 있으면서 실제로 아주 커졌답니다!

흰개미 집

★ 지구별 적응 이야기 ★

함께 굴 파기

대부분의 진사회성 동물은 곤충이지만, 벌거숭이두더지쥐는 포유류예요. 이들은 복잡한 지하동굴 속에서 사는데, 여왕 두더지쥐 한 마리와 소수의 수컷이 번식을 담당하고 나머지는 굴을 유지하고, 먹이를 모으고, 새끼들을 돌봐요. 일하는 암컷 두더지쥐는 새끼를 낳지 못하지만, 평생 그런 것은 아니에요. 여왕 두더지쥐가 죽으면 암컷 중의 하나가 호르몬을 번식할 수 있는 상태로 바꿔 그 일을 대신하게 되지요.

진화의 영역 범위

어떤 종이 살 수 있는 지역을 우리는 영역이라고 불러요. 많은 생물이 매우 한정된 영역에서 살지요. 하지만 전 세계에 사는 인류처럼 영역이 아주 넓은 생물도 있답니다.

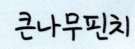

큰나무핀치

작은나무핀치

중간나무 핀치

움직이지 마!

대부분 육상 생물의 영역은 그것이 꽤 넓다 해도 한정되어 있어요. 이들은 기후, 먹이의 유무, 지형(강, 산, 다른 곳으로 가는 길을 막는 바다), 포식자나 경쟁자의 존재 여부에 따라 영역을 제한받지요. 좋아하는 기후나 먹이를 따라 이동하는 동물들도 있어요. 홍학은 아프리카에서 겨울을 나고 여름에는 유럽을 향해 북쪽으로 날아가요. 이들에게는 계절에 따른 두 군데의 영역이 있고, 이를 오가는 길이 있지요.

섬에 사는 종은 지리적으로 한 지역에 갇혀 있어서 멀리 퍼져나갈 수 없어요. 이러한 상황은 진화에 영향을 줄 수 있지요. 갈라파고스섬의 핀치새는 모두 남아메리카 본토에서 온 씨앗을 먹는 핀치새에서 진화했어요. 핀치새는 섬으로 날아가거나 날려가 그곳에서 모두 따로 진화했고, 섬에서 구할 수 있는 먹이의 종류에 맞게 각자 부리를 발달시켰어요. 현재 핀치새는 14개의 종으로 구분돼요. 핀치새들은 따로 진화했음에도 불구하고, 부리가 모두 곤충이나 과일, 씨앗을 먹기 좋도록 비슷하게 진화했지요.

나무 핀치새의 부리는 곤충을 꽉 잡기 좋게 짧고 뭉툭해요.

살던 곳에 살기

구할 수 있는 먹이나 기후의 제한을 받는 종들도 있어요. 선인장은 덥고 건조한 곳에서만 살 수 있어서 춥거나 습한 지역으로 퍼지지 않아요. 또 대왕판다는 대나무를 먹어야 하기 때문에 대나무 숲에서만 살 수 있지요. 기후가 변화하면 어떤 생물은 영역을 옮겨가거나 적응할 수밖에 없어요. 추운 곳에 사는 종은 극지방 쪽으로 더 이동해야 하지요. 이는 이미 그 지역에 살던 생물에게 압력을 가하는 일이 된답니다.

★ 지구별 적응 이야기 ★

따뜻해진 세상

지구 온난화는 많은 생물의 영역을 바꿔놓고 있어요. 이는 단지 추위를 좋아해서 더위를 피해 북쪽으로 더 이동해야 하는 종들에게만 해당하는 일은 아니에요. 더운 기후를 좋아하는 종들도 영역을 옮겨갈 수 있지요. 이를테면, 말라리아 같은 위험한 열병을 옮기는 모기도 아프리카에서부터 이전에는 살 수 없었던 유럽 일부로 올라가고 있어요.

큰땅핀치

작은땅핀치

중간땅핀치

106

빨리 적응하기

생물은 환경의 변화로 압박을 받을 때 진화해요. 하지만 환경에 맞게 빨리 변화하지 않으면 멸종을 맞이하고 말지요.

변화에 대한 압박

영국과 아일랜드의 회색가지나방은 두 가지 형태로 나뉘어요. 대개 이 나방의 날개는 밝은 색을 띠지만, 돌연변이로 생겨난 나방의 날개는 검은색을 띠지요. 보통은 색이 밝은 나방이 더 많아요. 밝은 색의 나방은 낮에 나무줄기에 앉아 숨어 있으면, 포식자의 눈에 잘 띄지 않아요. 하지만 어두운색의 나방은 밝은 나무줄기에 앉아있으면 포식자의 눈에 띄어 잡아먹히기가 쉽지요.

밝은 색의 회색가지나방

어두운 색의 회색가지나방

밝고 어두움

19세기에 공장에서 석탄을 태우며 생긴 그을음은 나무를 검게 만들었어요. 밝은 색의 나방은 눈에 더 잘 띄게 되었지만, 어두운 색의 나방은 잘 보이지 않았지요. 짧은 기간에 색이 어두운 나방은 도시에서 아주 흔한 나방이 되었어요. 어두운색의 나방이 처음으로 발견된 것은 1848년이었어요. 1900년까지 맨체스터 도시에 있는 나방 대부분은 어두운색의 나방이었지요. 20세기에 나무들이 더는 그을음으로 검게 되지 않자, 도시에는 다시 밝은 색의 나방이 흔해졌어요.

자세히 살펴보는 진화

1900년, 맨체스터에 있는 나방은 대부분 어두운 색을 띠게 되었어요. 회색가지나방의 유전자를 자세히 살펴본 과학자들은 곧 무슨 일이 있었는지를 알게 되었지요. 아주 작은 유전자 조각 하나가 1819년경 부화한 한 나방의 몸에서 돌연변이를 일으켰어요. 나방은 살아남는 데 성공했고, 어두운색의 나방을 더 많이 만들어내며 번식했지요. 과학자들은 변화한 유전자 변이를 살펴봄으로써 그 유전자가 몇 세대 전에 돌연변이를 일으킨 것인지 알아냈답니다.

서서히 혹은 빠르게 진행되는 진화

과학자들은 진화가 대개 느리고 꾸준한 속도로 서서히 진행되는지, 아니면 한동안 가만히 있다 갑자기 훅 커다란 도약을 한 다음 다시 멈추는지 서로 의견이 달라요. 생물은 보통 서서히 변화할까요? 아니면 갑자기 크게 변화할까요?

변화하지 않는 생물

생물은 자신이 사는 환경에 잘 적응하면 변화할 필요가 없기 때문에 주로 오랜 시간 그대로 남아있거나 유전자 부동으로 인해 서서히 변화해요. 동아시아와 북아메리카에서 발견된 양치류 음양고비는 적어도 1억 8천만 년 동안 변하지 않았지요.

화석 발굴

진화가 서서히 느리게 진행되면, 여러 단계의 화석이 형성될 시간은 충분해요. 하지만 갑작스럽게 진행되면, 중간 단계의 화석은 거의 형성되지 않으므로 화석 기록에 공백이 생기게 되지요. 현재 진화 전후의 화석은 있지만, 그 사이의 화석은 없어요. 어류와 어류에서 진화한 육상 생물 사이의 화석은 오랫동안 발견되지 않았지요. 육기어류는 이러한 공백을 이해하는 데 도움이 된답니다.

← 음양고비

눈앞으로 다가온 멸종

우리는 현재 제6의 대멸종 사건을 겪으며 살고 있어요. 그런데 이번 대멸종 사건은 단 하나의 생물, 바로 인간이 일으킨 것이지요. 지금 생물은 대멸종 사건들 사이에 생물이 멸종했던 속도보다 100배에서 1,000배 빠른 속도로, 지난 대멸종 사건 때보다는 10배에서 100배나 빠른 속도로 멸종하고 있어요.

침입자 들여놓기

인간은 사냥과 토지 개간으로 다른 생물에게 피해를 줬을 뿐 아니라, 이들을 세계 각지의 낯선 장소로 이동까지 하게 했어요. 이동한 생물들은 그곳에서 가끔 다른 생물에게 끔찍한 해를 입히기도 했지요. 어떤 지역의 밖에서 들어와 정착한 종을 우리는 **외래종**이라고 해요. 보통 외래종은 인간이 돕지 않으면 절대 새로운 서식처를 찾을 수 없어요. 어떤 외래종은 그곳에 원래 살고 있던 종을 멸종으로 몰고 가기도 한답니다.

초기 인간은 고기를 먹고, 가죽으로 옷을 지어 입고, 뼈를 이용하기 위해 동물을 죽였어요. 이들은 사냥한 매머드의 뼈로 오두막을 짓기도 했지요.

도도새

지금은 없는 도도새

사람들은 돼지와 개, 쥐, 토끼, 그리고 다른 동물들을 다른 땅으로 데려가 그 지역에 원래 살던 동물들을 죽게 했어요. 도도새는 한때 모리셔스섬에서 흔히 볼 수 있었던 날지 못하는 새였지요. 도도새는 인간 사냥꾼과 배를 타고 섬으로 온 쥐 때문에 멸종하게 됐어요. 식물과 곤충, 병을 일으키는 미생물은 쉽게 전 세계로 전해져 의도치 않게 새로운 지역으로 옮겨가지요.

외래종 도입은 조심하는 것만으로는 충분하지 않아요. 예를 들어, 태평양 출신의 굴은 북대서양에서 양식되었어요. 그곳의 바다는 열대의 굴이 양식장을 벗어나 살기에는 너무 차가웠기 때문에, 양식은 괜찮을 것 같았어요. 하지만 지구 온난화로 인해 바닷물 온도가 상승하자, 태평양 출신의 굴은 토종 굴을 위협하며 양식장 밖의 바다에서도 살 수 있게 되었지요.

서부검은코뿔소는 2011년 인간의 사냥으로 멸종에 이르게 됐어요.

태즈메이니아 늑대(태즈메이니아 호랑이)는 양을 지키던 개와 농부들 때문에 멸종했지요.

여행비둘기는 1914년 인간의 사냥으로 멸종했어요.

환경의 변화

인간은 다른 생물에게 환경오염과 같은 다른 방법으로도 해를 입혔어요. 공기, 물, 토양 속의 독성 화학 물질은 다른 생물을 죽게 하지요. 인간의 다른 활동들 역시 마찬가지예요. 중국의 양쯔강에 살았던 '바이지'라는 민물 돌고래는 1999년에 단 13마리만 살아 있었는데, 지금쯤 아마 멸종했을 거예요. 이 돌고래는 물고기를 잡는 현대식 방법 때문에 뜻하지 않게 멸종을 맞이하게 되었어요. 사람들은 수많은 생물에게 중요한 서식지인 광대한 우림과 바닷속 산호초를 파괴해왔지요.

생존을 위한 진화

1986년 우크라이나 체르노빌의 원자력발전소 사고 이후 원자로 주변의 지역은 치명적인 방사성을 띠게 되었어요. 인간은 이 지역을 떠났지만, 식물과 동물은 다시 이곳으로 이주해왔지요. 높은 수치의 방사능에도 불구하고 지금 이곳에는 야생생물이 번성하고 있어요. 그중에는 방사능과 함께 살 수 있는 능력을 발달시키는 종들도 있지요. 지금도 클라도스포룸과 같은 균류는 방사능에 오염된 지면에서 아주 잘 자라고 있답니다.

주도권을 쥔 인류

인류는 이제 새로운 방식으로 진화에 개입할 수 있어요. 우리는 어떤 생물을 정해 보존하거나 멸종시킬 수 있고, 자연적으로 생길 수 있는 것들을 넘어서 우리 자신의 목적에 맞게 유전자 조작을 통해 다른 생물의 유전적 구성을 바꿀 수 있지요.

자르고 바꾸기

20세기 이후 사람들은 생물의 DNA를 바꾸기 위해 유전공학이라는 특별한 기술을 사용해왔어요. 수정된 난세포의 DNA를 바꾸면 성장하는 생물의 모든 세포가 바뀌지요. 우리는 유전공학을 이용해 자연적으로는 절대 생길 수 없는 생물을 만들어낼 수 있어요. 이를 위한 한 가지 방법은 절대 교배가 불가능한 서로 다른 종의 유전자를 이용하는 것이지요.

유전자 디자이너

처음에 과학자들은 생물 간에 특정 유전자를 이동시켜 이들을 바꿔놓았어요. 그러면 생물은 새로운 특성을 가질 수 있지요. 이러한 방법은 질병에 걸리지 않거나, 인간에게 더 좋거나, 더 가혹한 환경에서 살 수 있는 식물을 만드는 데 사용됐어요. 유전적으로 조작된 '황금쌀'이라는 쌀은 평범한 쌀보다 영양가가 더 많지요. 또 과학자들은 연구에 유용한 야광 쥐를 만들기도 했어요. 이보다 새로운 기술을 이용하면 유전공학자들은 아주 작은 유전자 조각들을 교환할 수 있지요. 언젠가 이들은 이 기술로 잘못된 유전자를 '고쳐' 유전병을 치료하거나 암의 성장을 멈추게 할 수도 있을 거예요.

재미와 공장

유전공학은 미생물을 초소형 공장으로 바꿔놓을 수도 있어요. 우리는 박테리아를 이용해 인슐린과 같이 인간이 원하는 화학 물질을 생산할 수 있지요. 인슐린은 당뇨병을 앓는 사람들이 혈중의 당 수치를 조절해 건강을 유지하는 데 사용돼요. 이외에도, 거미줄 성분이 함유된 우유를 만드는 염소도 있고, 의약 성분이 함유된 바나나도 있어요.

유전공학은 이보다 중요하지 않은 일에도 사용될 수 있어요. 사람들은 빛이 나는 물고기를 만들고, 죽은 애완동물을 복제하고, 파란 장미와 같은 '불가능한' 꽃을 만들기도 했지요.

유전적으로 조작된 형광 물고기
(글로피시)

★ 지구별 적응 이야기 ★

아프리카화된 꿀벌

1956년, 꿀 생산을 늘리기 위해 특별히 교배된 벌들이 브라질에 소개되었어요. 이 벌들은 유럽 벌과 아프리카 벌의 교배로 탄생했지요. 하지만 다음 해에 26마리의 벌떼가 브라질을 탈출했어요. 벌들은 남아메리카와 북아메리카에 정착해 살면서 일부 지역의 토종벌들을 대체했지요. 이 아프리카화된 벌들은 성향이 공격적이고 벌집을 극성스럽게 방어해 아주 위험했어요. 결국 이 벌들 때문에 1,000명 이상의 사람들이 사망했답니다.

역사의 시계 되돌리기

유전 공학을 이용하면 우리는 멸종된 종들을 되살릴 수 있을지도 몰라요.
이러한 일을 할 수 있을지 없을 지와 해야 할지 말아야 할지는 완전히 다른 문제지요.

허구 속 동물보다 낯선 동물

소설과 영화 <쥬라기 공원>은 우리가 DNA로 공룡을 만들 수 있다는 생각에 바탕을 두고 있어요. 이야기 속에서 공룡의 피는 호박에 갇힌 모기의 내장 속에서 발견돼요. 호박은 나무에서 나오는 끈적한 송진이 굳은 것으로, 가끔 그 안에 생물이 갇히기도 하지요. 실제로 공룡의 신체 일부와 곤충이 갇힌 호박이 발견되긴 했지만, 이것으로 공룡을 되살릴 순 없어요. 왜냐하면, DNA는 너무 빨리 파괴되어 그렇게 오랫동안 살아남지 못하기 때문이지요. 따라서 우리가 현재 사용할 수 있는 공룡 DNA는 없답니다.

미국의 일부 과학자들은 닭의 배아로 공룡 비슷한 것을 만들려고 하고 있어요. 닭도 다른 새들과 마찬가지로 공룡과 관련이 있거든요. 닭의 DNA에는 여전히 공룡의 특징이 남아있지만, 이 유전자들은 지금 활동하고 있지 않아요. 과학자들은 이 유전자를 다시 활동하게 만들어서 꼬리와 이빨, 그리고 다른 공룡의 특징을 지닌 닭을 기를 수 있기를 바라지요.

피레네아이벡스

털북숭이 매머드

태즈메이니아 늑대

피레네아이벡스의 짧은 귀환

지구상의 마지막 피레네아이벡스는 2000년에 나무 한 그루가 떨어지면서 죽었어요. 피레네아이벡스가 죽기 전에 세포를 채취해두었던 과학자들은 이 동물을 복제하는 데 성공했지요. 이 동물은 암염소의 몸 안에서 자랐어요. 하지만 태어난 지 7분 만에 폐 질환으로 죽게 되었답니다. 그래도 여전히 이는 최초의 동물 복원 사례로 기록되고 있지요.

완전히 죽지 않은 동물들

공룡보다 훨씬 최근에 멸종한 동물들은 언젠가 우리가 되살릴 수 있을지도 몰라요. 이들 동물의 질 좋은 DNA를 구할 수만 있다면 말이지요. 아마 털북숭이 매머드, 태즈메이니아 늑대, 콰가얼룩말, 심지어 도도새까지도 되살릴 수 있을 거예요. 털북숭이 매머드는 코끼리와 밀접한 관련이 있지만, 몸이 추운 날씨에 맞게 진화했다는 점에서 중요한 차이가 있어요. 이들에게는 두껍고 텁수룩한 털가죽과 추위에 강한 화학 물질이 든 혈액과 열 손실을 줄여주는 작은 귀가 있지요. 과학자들은 이러한 특징과 관련된 유전자를 코끼리의 DNA에 집어넣어 매머드의 모든 특징을 지닌 코끼리 매머드를 기를 수 있기를 희망해요.

죽었다 다시 살아난다고?

우리는 아직 멸종된 동물들을 되살릴 순 없지만, 과연 그것이 좋은 일인지는 생각해 볼 필요가 있어요. 과학자들에게 이는 유전학과 생물 그 자체에 대해 배울 수 있는 도전이자 기회일 거예요. 하지만 동물들이 돌아온다면 이들은 변해 버린 세상, 외로이 남겨진 세상을 맞게 될 테지요. 게다가 이들을 멸종시킬 수 있는 조건이 아직 남아 있을 수도 있어요. 먹이가 없어졌을 수도 있고, 서식처가 사라졌을 수도 있지요. 21세기의 트리케라톱스는 어디에서 살게 될까요? 멸종된 종들을 되살리는 것이 과연 공정한 일일까요? 여기에는 우리가 생각해봐야 할 현실적이고 윤리적인 문제들이 남아있답니다.

콰가얼룩말

트리케라톱스

동물원

진화, 다음엔 어디로 향하게 될까?

진화는 아직 끝나지 않았고 지구상에 생명체가 존재하는 한 끝나지도 않을 거예요. 지금 이 순간에도 인간과 지구상의 다른 종들은 계속해서 진화하고 있답니다.

재난을 이겨낸 자연계

자연계는 과거의 대멸종 사건에서 살아남았고, 인간 때문이든 다른 것 때문이든 미래에 또 그런 일이 발생하더라도 틀림없이 살아남을 거예요. 우리는 대기와 기후가 완전히 바뀐 뒤에도, 비극적인 화산 폭발이 있고 난 뒤에도, 그리고 적어도 심각한 소행성 충돌이 한 번은 있고 난 뒤에도 생명이 다시 솟아나는 것을 봤지요. 지금 우리가 겪는, 인간의 활동으로 인한 기후 변화는 우리 자신을 포함해 많은 종을 멸종시킬 수도 있지만, 생명체는 어쨌든 다시 돌아올 거예요. 변화의 속도가 어느 때보다 빠르긴 해도, 지구상에 생명체가 존재했던 대부분의 시간 동안 세상은 지금보다 훨씬 뜨거웠어요. 어쩌면 우리는 우리가 훼손한 환경을 되돌리거나 변화의 속도를 늦춰 다가오는 재앙을 막을 수 있을지도 몰라요. 그러면 미래에 사람들은 진화가 주기적으로 이런저런 일을 겪는 모습을 지켜볼 수도 있겠지요.

꿀벌부채명나방 애벌레

최후의 개척지

우리가 나무 위보다 평야에서 사는데 적응한 것처럼, 우리는 우리가 만든 도시적 환경(어떤 환경이든)에 맞춰 적응하고 변할 거예요. 만약 우리가 다른 세계를 식민지로 만든다면, 분리된 인류는 새로운 종으로 진화할 수도 있어요. 그러면 하나 이상의 인간종이 다시 한번 동시대를 살 수도 있을 테지요.

★ 지구별 적응 이야기 ★

플라스틱을 먹는 나방

인간이 만드는 플라스틱 쓰레기는 많은 생물에게 위험하지만, 생물 중 일부는 플라스틱을 이용하도록 진화할 수도 있어요. 2017년, 스페인의 연구진은 비닐봉지를 먹는 꿀벌부채명나방의 애벌레를 발견했지요. 아직 과학자들은 이들이 정말로 비닐봉지를 먹는지 확인할 필요가 있어요. 그런데 플라스틱 쓰레기를 모두 없애려면 엄청 많은 애벌레가 필요할 거예요. 하지만 결국 진화는 적응에 달려 있답니다.

진화 연대표

최초의 단세포 생명체가 만들어진 이후부터 진화는 오늘날 지구상에 사는 수많은 종류의 식물과 동물을 만들어냈어요. 생물은 변화하고, 적응하고, 다양화되고, 이동하면서 지금처럼 세계 곳곳에 살게 되었지요.

적어도 38억 년 전부터 있었던 **고세균**

35억 년 전부터 있었던 **시아노박테리아**

대산소 발생 사건

12억 년 전, **뱅지오모파**

원핵생물

박테리아는 **원핵생물**이에요. 원핵생물은 세포가 단 한 개만 있지요. 지금도 지구상에는 다른 어떤 생명체보다 더 많은 박테리아가 살고 있답니다.

고세균은 단 한 개의 세포로 이루어진 최초의 생명체였어요. 이들은 지금도 전 세계의 모든 환경에서 살고 있지요.

진핵생물

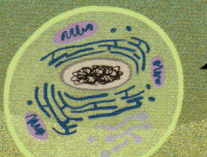

뱅지오모파는 많은 세포가 함께 모여 만들어진 최초의 생물이었어요. 또한, 더 많은 뱅지오모파를 만들기 위해 부모가 만나 성적으로 번식한 최초의 생물이기도 했지요.

시아노박테리아는 광합성을 한 최초의 생물로, 세상을 가장 먼저 바꿔놓았어요. 이들은 처음에는 바다에, 다음에는 대기 중에 산소를 채우며 환경을 영원히 바꿈으로써 최초의 대멸종 사건을 일으켰지요.

오늘날 우리 주위의 모든 동식물은 **진핵생물**이에요. 아마 진화에서의 가장 큰 도약은 이러한 좀 더 복잡한 세포의 출현이었을 거예요. 그래도 최초의 진핵생물은 여전히 세포가 하나뿐이었지요.

← 40억 년 전 → ← 35억~20억 년 전 → ← 20억 년 전 → ← 12억 년 전 →

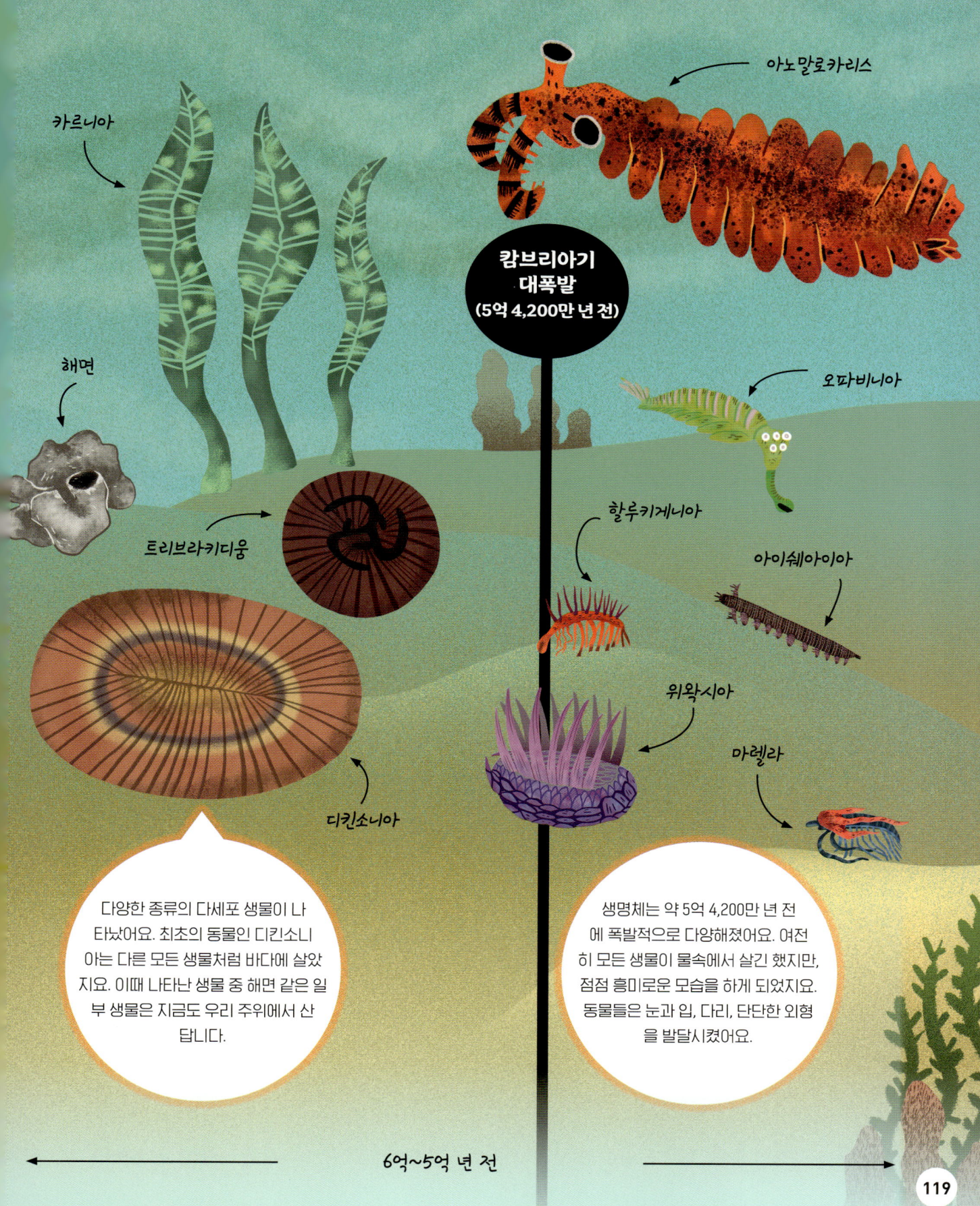

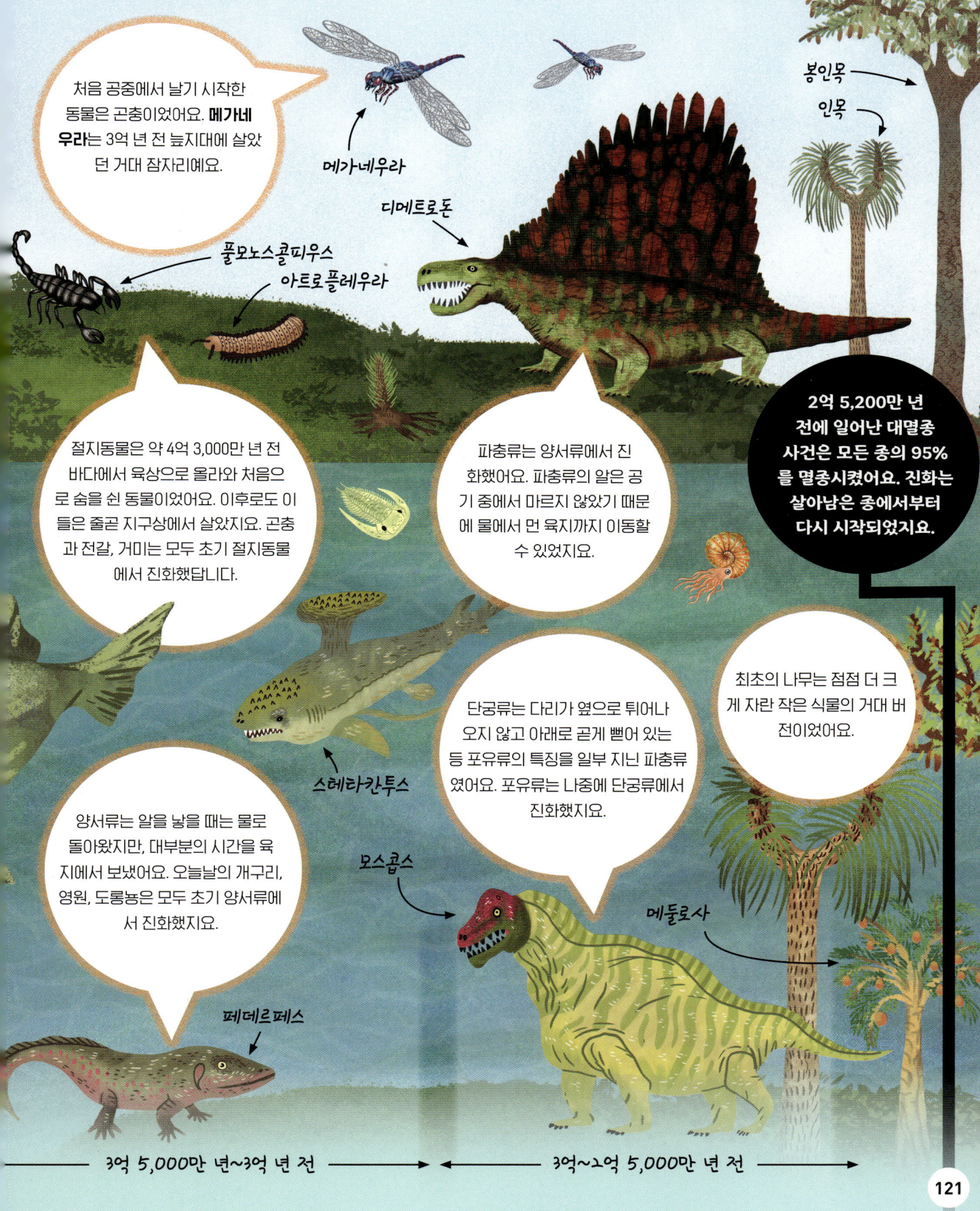

용어 설명

가축 사람이 길들여 기른 동물(소, 개와 말)

감수분열 염색체의 수가 절반으로 줄어드는 세포 분열

고세균 세포가 하나뿐인 아주 단순한 생명체

공통의 조상 둘 이상의 다른 생물에 공통의 특성을 물려준 생물

광합성 빛에너지를 이용해 물과 이산화탄소로부터 당(포도당)과 산소를 만드는 과정

균류 버섯, 독버섯, 효모와 같은 생물

그을음 연기를 내며 타는 불에서 나오는 아주 작은 검은 입자

기후 몇 년간의 평균 기온과 같은 광범위한 날씨 패턴

단궁류 특정한 두개골 모양(양 눈의 뒤에 구멍이 있음)을 가진 포유류와 일부 초기 파충류가 포함된 동물의 한 종류

대기 행성 주변의 기체로 된 층(지구 주변의 공기층)

대륙 큰 땅덩어리

대립 형질 대립 유전자가 지배하는 형질로써 우성과 열성의 관계

대멸종 사건 대량의 생물 종이 모두 동시에 멸종한 사건

덤불 숲의 나무 밑에서 낮게 자라나는 식물

도태 적자생존에 의해서 환경이나 조건에 적응하지 못하는 개체군이 사라져 없어지는 현상

돌연변이 유전 정보를 복제하는 과정에서 오류가 생겨 생명체가 어떤 식으로든 부모와 달라지는 현상

들불 삼림이나 초원 지대에 난 불

멸종 동물이나 식물이 영원히 사라지는 것

무성 생식 하나의 모체가 정확히 자신과 똑같은 개체를 만드는 번식

미생물 현미경으로만 볼 수 있는 매우 작은 생명체

방사선 우주에서 파동의 형태로 이동하는 에너지

번식 같은 종류의 생물을 늘려가는 활동

분자 두 개 이상의 원자가 결합된 입자

설치류 평생 자라나는 날카로운 이빨 한 쌍으로 먹이를 갉아먹는 쥐, 생쥐, 다람쥐와 같은 동물

세대 가계도에서 한 계층을 나타냄. 여러분은 한 세대에 속하고, 부모님은 다른 세대에 속하며, 조부모님은 또 다른 세대에 속함

세포 생물을 구성하는 가장 작은 단위. 모든 생물은 적어도 한 개 이상의 세포를 갖고 있음

세포막 생물의 세포에서 벽이나 경계 역할을 하는 세포의 얇고 유연한 막

소행성 우주에서 이동하는 작은 행성

수각류 대개 똑바로 서서 걸으며 고기를 먹고 살았던 뒷다리가 튼튼한 공룡. 티라노사우루스는 수각류였음

시아노박테리아 광합성을 하는 단순 박테리아

아가미 물에서 공기를 빨아들이는 물고기의 몸 일부

악어류 악어와 같은 특징을 가진 동물

양서류 알일 때와 어릴 때 물속에서 살지만, 다 자라면 공기를 들이마시는 동물

연골 동물의 몸 일부를 단단하게 하지만 뼈만큼 딱딱하지는 않은 유연성 있는 조직. 코의 단단한 부분은 연골로 되어있었음

염색체 기다란 DNA 분자로, 한 생물에 대한 유전 정보를 지닌 유전자들로 구성됨

영장류 원숭이, 유인원, 인간을 포함하는 포유류의 일종

용각류 보통 네 발로 걷고 목과 꼬리가 긴 공룡(디플로도쿠스는 용각류)

원핵세포 핵이나 막으로 분리된 다른 구조가 없는 단순한 세포

유기체 살아있는 생물

유성 생식 부모에게서 유전 정보를 받아 양쪽의 특성이 섞여 있는 새로운 생물을 만드는 생식 방법

유전 부모의 어떤 특성이 자손에게 전해짐

유전자 유전적 특징(노란색 부리 또는 뾰족한 귀 등)을 제어하기 위한 화학적 암호를 담고 있는 DNA 분자의 한 부분

유전적 물려받은 특성과 관련된 것

유충, 유충기 동물의 발달 단계에서 미성숙한(어린) 단계로, 다 자란 몸과 몸의 구조가 다른 시기. 애벌레와 올챙이는 모두 유충임

외골격 동물의 딱딱한 겉껍질

원자 물질의 가장 작은 입자

유대류 완전히 다 자라지 않은 상태의 새끼를 낳은 후 주머니에 넣어서 기르는 포유류

유선형 물이나 공기 속을 쉽게 이동할 수 있는 매끄러운 모양

육기어류 물고기와 육지로 이동한 다리 달린 동물 사이의 진화 단계에 있는 동물

자국 진흙의 발자국처럼 표면이 눌려서 생긴 형태

자연계의 다양성 갖가지 생물의 여러 가지 특성

적도 북극과 남극 사이의 중간에서 지구를 둘러싸는 가상의 선

절지동물 게, 거미, 곤충, 노래기처럼 겉껍질이 딱딱하고 몸에 마디가 있는 동물

정자 암컷의 난자와 결합해 새로운 생물을 만드는 수컷의 생식세포

조류 물에 사는 다양한 종류의 식물들

조반류 엉덩이가 새의 엉덩이처럼 생긴 공룡의 한 종류. 식물을 먹는 이들은 입이 부리처럼 생김(트리케라톱스와 스테고사우루스도 조반류에 속함)

조상 한 생물의 가계도를 거슬러 올라갔을 때 확인되는 개체. 예를 들면, 여러분의 고조부모님도 조상임

종 벵골 호랑이나 흰올빼미처럼 고유한 특성을 가진 생물

주둥이 동물의 튀어나온 코와 입(개는 주둥이가 있지만, 사람은 없음)

주룡류 악어와 공룡의 조상을 포함한 초기 파충류

지구 온난화 일정 기간 동안 전 세계의 평균 기온이 높아지는 현상

지의류 마치 하나의 생물인 것처럼 함께 사는 균류와 조류 혹은 시아노박테리아

진핵세포 핵과 특정한 임무를 수행하는 세포기관이라는 부가적 구조를 지닌 복합 세포

진화 생물이 환경에 맞게 적응하면서 시간의 흐름에 따라 변화하는 과정

청소 동물 보통 죽은 동물을 포함해 자리에 그대로 놓여있는 생물을 먹이 삼는 동물

총기류 몸에 육질의 지느러미가 달렸고 딱딱한 뼈가 있는 물고기

침전물 진흙, 모래, 식물 등이 강이나 연못, 바다에 쌓인 것

파충류 육지에 알을 낳으며, 다 자란 개체와 똑같이 생긴 새끼를 부화하는 동물. 대부분 파충류는 냉혈동물(체온을 조절하는 능력이 없는 동물)이고, 피부가 비늘이나 단단한 딱지로 덮여 있음

평행 진화 따로 진화해온 생명체가 유사한 특징을 보이는 일. 예를 들어, 물고기와 돌고래 같은 해양 포유류는 둘 다 지느러미를 발달시켰음

포식자 다른 동물을 잡아먹는 동물

포유류 피부에 털이 나 있고 새끼를 낳는 온혈동물

핵 유전 정보가 저장된 세포의 중심 부분

화산 뜨겁게 녹은 암석이 마구 솟구치거나 흐를 수 있는 지표면의 틈

화석 암석에 보존된 생물의 유해나 흔적

환경 어떤 생물이 사는 지역이나 상태

DNA 유전 정보를 의미 있는 순서의 분자들로 암호화해 저장하고 있는 화학 물질

색인

DNA 18
가스토르니스 69
감수 분열 19
갈라파고스 핀치 106
개척자 생물 45
개코원숭이 7, 84
거대 동물 94
고래 22, 48, 70, 124
고리종 88
고세균 12, 13, 14
곤충 30, 39
공룡 41, 52, 54, 56
공생 관계 74
공포새(티타니스) 81
광합성 14, 15
극한성 생물 13
기생충 97
기후 변화 68
꿀벌 113, 125
내부 공생 16
네안데르탈인 90
늑대 23
다세포 생물 17
다족류 31
단궁류 40
대륙의 이동 56
대립 형질 19
대멸종 15, 45, 110, 121, 123
대산소 발생 사건 15, 118
도롱뇽 88
돌연변이 9, 19, 97, 108, 109
동물계 22
디킨소니아 21
디플로카울루스 41
리스트로사우루스 45, 52
마이아사우라 93
말뚝망둥어 35
매머드 23
메가네우라 39
멜라닌 90
모사사우루스 49
모스콥스 44
무성 생식 17

미생물 6, 14, 15, 22, 28, 38, 42, 44, 94, 97, 99, 110, 113
미생물 매트 28
미셀 12
바라과나티아 29
박테리아 14, 22
발굽이 있는 동물(유제류) 73
백악기 66, 74
뱅지오모파 17
버제스혈암 24
복제 9, 12, 19, 114,
북극곰 8, 96
북아메리카 81
분화 24, 102
불가사리 21, 26
불우렁쉥이 17
뻐꾸기 97
산사나무 파리 89
삼엽충 24, 27, 30
상리 공생 74
생명체 10, 22
선발 육종 102
선택적 재배 95
성선택 89
세포 13, 18
소포 12
소행성 충돌 10, 45, 64, 116
수각류 53
숙주 97
스테고사우루스 56, 57
스테타칸투스 33
스트로마톨라이트 14
스피노사우루스 66
시아노박테리아 14, 15, 16
시조새 62, 63
식물계 22
신생대 64
아노말로카리스 25
아메리카 생물 대교환 80
악어류 53
암모나이트 32
양서류 34, 35, 36, 37, 38, 40, 44
여우원숭이 76, 77, 78

염색체 17, 18, 19
영역(범위) 106
영장류 68, 76
완보동물 13
용각류 53, 54, 55
외래종 110
원생생물 22
원숭이 76,
원원류 76
원핵세포 16
위장술 96
유기체 14
유대류 80
유성 생식 17
유인원 77, 84, 86
유전공학 112, 114
유전 물질 16
유전자 18, 101, 112
유전자 디자이너 112
유전자 변이 109
유전자 부동 88, 109
유전자 조작 101, 112
유전자 풀 88
육기어류 43, 109
이궁류 41
이산화탄소 68
이크티오사우루스 48
익룡 58, 59, 62
인간의 활동 116
인류의 진화 84, 86
자연 선택 89
잠자리 겹눈 27
전갈 20, 28, 31, 39
절지동물 28, 31
조류 28
조반류 53
종 분화 88
주룡류 46, 52, 53,
쥐라기 57
지각판 56
지의류 17
진원류 76
진핵세포 16

진사회성 동물 104
진화 연대표 118
진화적 생존 경쟁 96
척추동물 22
체세포 분열 19
초식동물 45, 72
카르니아 21
카피바라 79
캄브리아기 대폭발 42, 119
털북숭이매머드 23
테리지노사우루스 67
트라이아스기 46, 57
트리브라키디움 21
트리케라톱스 67
티렉스(티라노사우루스 렉스) 53, 66
틱타알릭 43
파충류 40, 52
판게아(초대륙) 80
페데르페스 36
페름기 44, 46, 56
평행 진화 51, 53
폐어류 34
포식자 96
포유류 60, 61, 93
포스토수쿠스 53
폼페이 벌레 13
프로토택사이트 29, 39
핀치새 106
해면동물 20
해양 파충류 50
핵 18
현생 인류(호모 사피엔스) 87, 90
화석 14, 20, 21, 24, 31, 33, 42, 57, 82, 93, 109
회색가지나방 108, 109

128